AI와 1인 영화 제작

AI문고

인공지능 시대입니다. 기계가 인간의 인지를 대신하고, 사물이 인간을 통하지 않고 다른 사물과 직접 커뮤니케이션합니다. 이에 따른 인간 삶과 문명 변화를 정확히 이해·예측·대응하는 것은 이 시대 우리 모두의 과제입니다. AI문고는 인공지능 기술과 환경의 여러 주제를 10가지 키워드로 정리합니다. 관련 개념과 이론, 학계와 산업계의 쟁점, 우리 일상의 변화를 다룹니다. 인간과 기술의 현재, 미래를 세심히 분석합니다.

일러두기

- 인명, 작품명, 저서명, 개념어 등은 한글과 함께 괄호 안에 해당 국가의 원어를 병기했습니다.
- 외래어 표기는 현행 어문규정의 외래어표기법을 따랐습니다.

처음이세요?

전문가세요?

AI와 1인 영화 제작

이호은·이형주

대한민국, 서울, 커뮤니케이션북스, 2025

AI와 1인 영화 제작

지은이 이호은·이형주
펴낸이 박영률

초판 1쇄 펴낸날 2025년 9월 8일

커뮤니케이션북스(주)
출판 등록 2007년 8월 17일 제313-2007-000166호
02880 서울시 성북구 성북로 5-11
전화(02) 7474 001, 팩스(02) 736 5047
commbooks@commbooks.com
www.commbooks.com

ISBN 979-11-430-0804-6 03500

책값은 뒤표지에 표시되어 있습니다.

차례

불가능할 것만 같았던 1인 영화 제작 xi

01 1인 AI 영화 제작의 새로운 시대 1

02 필수 AI 도구와 기술 개요 25

03 효과적인 AI 프롬프팅 기법 37

04 AI 시나리오 작성과 스토리텔링 83

05 AI 영상 및 장면 제작 기법 97

06 AI 후반 작업 프로세스 115

07 음악과 사운드 디자인 129

08 수상작 〈찬란한 하루〉 145

09 AI 윤리와 저작권 문제 155

10 미래를 위한 전망과 준비 167

불가능할 것만 같았던 1인 영화 제작

불과 몇 년 전까지만 해도 영화 제작은 거대한 스튜디오, 수십 명의 전문 스태프, 값비싼 장비와 수억 원의 예산이 필요한 복잡한 협업 예술로 여겨졌다. 보통 사람들에게 '혼자서 영화 한 편을 만든다'는 것은 단순한 도전적인 과제가 아닌 거의 불가능한 꿈에 가까웠다. 그러나 인공지능 기술, AI의 급속한 발전은 이 오래된 통념을 완전히 뒤엎고 있다. 오늘날 우리는 처음으로 개인 창작자가 스튜디오급 영화를 혼자 제작할 수 있는 시대에 살고 있다.

처음 영화라는 매체가 탄생한 19세기 말부터 한 세기가 넘는 시간 동안, 영화 제작은 근본적으로 협업 예술이었다. 과거에는 감독, 작가, 촬영 감독, 배우, 편집자, 음향 감독, 후반 감독, 미술팀 등 수십 명의 전문가들이 오케스트라처럼 조화롭게 움직여야만 한 편의 영화 작품이 완성될 수 있었다. 뤼미에르 형제의 단순한 영상에서부터 현대의 복잡한 블록버스터에 이르기까지, 영화 제작의 본질인 협업적 특성은 변하지 않는 진리처럼 여겨졌다.

그러나 2020년대 초반, 인공지능 기술의 급격한 발전은 이 오래된 통념에 근본적인 도전장을 내밀었다. 2022년 이후 T2I(Text-to-Image) 생성 모델, 비디오 생성 AI, TTS(Text-to-Speech) 변환 기술, 자연어 처리 모델 등이 폭발적으로 발전하면서, 영화 제작의 거의 모든 단계에서 AI가 인간 전문가의 역할을 보조하거나 때로는 대체할 수 있는 가능성이 열렸다. 이는 단순한 기술적 진보를 넘어, 영화라는 예술 형식의 본질과 창작 과정에 대한 근본적인 재고를 요구하는 패러다임의 전환이었다.

지난 3년간 AI 영상 생성 기술의 발전 속도는 그야말로 기하급수적이었다. 초기의 단순한 이미지 생성 도구에서 시작해, 이제는 사실적인 인물과 배경, 복잡한 동작과 표정, 심지어 대화와 내레이션까지 생성할 수 있는 강력한 영상 시스템으로 진화했다. 시나리오 작성, 편집, 음악 제작, 특수효과 등 영화 제작의 거의 모든 단계에 AI 도구가 도입되었고, 그 결과는 놀라웠다. 불과 몇 년 전에는 수백 명의 전문가와 수개월의 작업이 필요했던 일을 이제는 한 사람이 노트북으로 몇 주 만에 해낼 수 있게 된 것이다.

불과 5년 전까지만 해도, '한 사람이 전문적인 수준의 영화를 완전히 혼자서 제작한다'는 발상은 거의 공상과

학 소설에 가까웠다. 최소한의 장비와 기술적 지식을 갖추고 독립 영화를 만드는 것은 가능했을지 모르지만, 시나리오 작성에서부터 연기, 촬영, 특수효과, 음악, 편집에 이르는 모든 영화적 요소를 전문적인 수준으로 한 개인이 구현한다는 것은 현실적으로 불가능했다. 그러나 AI 기술은 이러한 '불가능'을 하나씩 가능한 영역으로 바꾸어 놓기 시작했다.

AI 영화 제작의 현실과 가능성

현재 많은 창작자들이 AI 기술을 활용한 영화 제작의 가능성과 한계를 모두 체험하고 있다. 2024년 부산국제인공지능영화제 같은 전문 영화제에서 AI 생성 영화들이 수상의 영광을 안는 사례들이 늘어나고 있으며, 이는 전통적인 영화 제작 방식으로는 개인이 결코 만들 수 없었을 작품들이 현실화되고 있음을 보여 준다. AI 기술은 창작자들에게 시나리오 발전, 시각적 콘셉트 개발, 가상 배우 창조, 복잡한 장면 구성 등에서 전례 없는 창작의 자유를 제공하고 있다.

하지만 이러한 AI 영화 제작의 여정이 항상 순탄한 것은 아니다. 수많은 기술적 한계와 예상치 못한 문제들이 존재한다. AI가 생성한 이미지에서 종종 발생하는 기괴한 왜곡 현상, 연속된 장면에서의 일관성 유지 문제, 미묘한 감정 표현의 어려움, 그리고 복잡한 프롬프트 엔지니어링 과정 등 수많은 도전 과제가 있다. 또한 AI 생성 콘텐츠의 저작권과 윤리적 사용에 관한 복잡한 질문들도 끊임없이 제기되고 있다.

무엇보다 중요한 것은, AI가 영화 제작의 모든 측면을 자동화하는 마법의 도구가 아니라는 점이다. AI는 궁극적으로 창작자의 비전을 실현하기 위한 도구이며, 그 도구를 효과적으로 사용하기 위해서는 여전히 영화적 언어에 대한 이해, 스토리텔링 감각, 그리고 예술적 판단력이 필요하다. 진정한 AI 영화 제작의 힘은 기술적 자동화가 아니라, 창작자의 상상력과 AI의 생성 능력 사이의 시너지에서 나온다.

영화 제작의 패러다임 전환

영화 제작의 역사를 돌이켜보면, 매 시대마다 새로운 기술적 혁신이 영화 언어와 제작 방식을 변화시켜 왔다. 무성 영화에서 유성 영화로의 전환, 흑백에서 컬러로의 발전, 디지털 촬영과 편집의 등장, 컴퓨터 생성 이미지(CGI, Computer-generated imagery)의 혁명 등 모든 중요한 기술적 도약은 처음에는 회의와 저항에 부딪혔지만, 결국 영화 예술의 표현 영역을 확장하는 계기가 되었다. AI 영화 제작 기술 역시 이러한 역사적 흐름의 연장선상에 있다고 볼 수 있다.

그러나 AI가 가져온 변화는 이전의 기술적 혁신들과는 근본적으로 다른 차원의 것이다. 이전의 기술들이 주로 영화 제작의 효율성과 표현 가능성을 높이는 데 기여했다면, AI는 영화 제작의 주체와 접근성 자체를 변화시키고 있다. 이는 단순한 도구의 진화가 아니라, 누가, 어떻게 영화를 만들 수 있는지에 대한 근본적인 재정의다.

이러한 변화의 가장 큰 의의는 영화 제작의 민주화에 있다. 지금까지 영화 산업은 기술적, 재정적 장벽으로 인해 소수의 전문가와 대규모 스튜디오에 의해 주도되어 왔다. 이러한 구조 속에서, 많은 잠재적 이야기꾼들과 창작자들이 자신의 비전을 실현할 기회를 얻지 못했다. 특히 주류 영화 산업의 관심 밖에 있는 소수자들의 이야기, 비주류적 관점, 실험적 내러티브 등은 더욱 빛을 보기 어려웠다.

AI 영화 제작 기술은 이러한 장벽을 크게 낮추고 있다. 이제 프로그래밍 지식이나 고가의 장비 없이도, 심지어 전통적인 영화 제작 훈련을 받지 않은 사람들도 자신의 이야기를 시각적으로 표현할 수 있게 되었다. 노트

북 한 대와 인터넷 연결만 있다면, 원칙적으로 누구나 자신만의 영화적 비전을 실현할 수 있는 시대가 열린 것이다.

영화 산업의 변화와 도전

물론 이러한 변화는 영화 산업 내 기존 직업군과 제작 방식에 큰 도전을 제시하기도 한다. 많은 전문가들이 자신의 전문성과 일자리가 위협받을 수 있다는 불안감을 표현하고 있으며, 이는 완전히 근거 없는 우려가 아니다. AI가 특정 영역에서 인간 전문가의 작업을 대체할 가능성은 분명히 존재한다. 그러나 역사적으로 볼 때, 새로운 기술의 등장은 대개 기존 직업의 소멸보다는 변형과 새로운 역할의 창출로 이어져 왔다.

더 중요한 것은, AI 영화 제작이 제시하는 가능성이 단순히 기존 영화 제작의 효율화나 비용 절감에만 있지 않다는 점이다. 이는 완전히 새로운 형태의 시각적 스토리텔링, 기존의 제작 방식으로는 불가능했던 창의적 실험, 그리고 이전에는 들리지 않았던 다양한 목소리들이 세상에 나올 수 있는 기회를 의미한다. AI는 영화적 표현의 경계를 확장하고, 영화와 관객의 관계를 재정의할 잠재력을 가지고 있다.

이러한 맥락에서, 1인 AI 영화 제작은 단순한 기술적 트렌드를 넘어 영화 매체의 미래에 관한 중요한 문화적, 예술적 질문을 제기한다. 영화란 무엇인가? 창작자의 역할은 무엇인가? AI가 생성한 콘텐츠의 진정성과 예술적 가치는 어떻게 평가해야 하는가? 이러한 질문들은 AI 시대의 영화 창작자들이 깊이 고민해야 할 주제다.

윤리적, 법적 고려 사항

또한 AI 영화 제작의 발전은 필연적으로 윤리적, 법적 문제들을 수반한다. AI 학습 데이터의 출처와 동의, 기존 작품에서 '영감을 받은' AI 생성물의 저작권 문제, 딥페이크 같은 기술의 잠재적 오용 가능성, 그리고 AI 생성 콘텐츠가 사회적 편견을 강화할 위험 등 많은 쟁점들이 존재한다. 이러한 문제들은 단순한 기술적 해결책으로는 충분하지 않으며, 사회적 합의와 규제 체계의 발전이 필요한 영역이다.

책의 구성과 목표

이 책은 이러한 복잡한 맥락 속에서, 1인 창작자가 AI 도구를 활용해 자신만의 영화적 비전을 실현할 수 있는 실질적인 방법론과 지식을 제공하고자 한다. 이 책은 기술적 튜토리얼을 넘어, AI와 인간 창의성 사이의 균형을 찾고, 기술의 윤리적 사용을 모색하며, 궁극적으로는 영화라는 예술 형식의 미래를 탐구하는 여정이 될 것이다.

책의 구성은 1인 AI 영화 제작의 전체 과정을 체계적으로 다루도록 설계되었다. 첫 장에서는 AI가 영화 제작 생태계에 가져온 근본적인 변화와 패러다임 전환에 대해 탐구한다. 이어서 1인 제작자가 알아야 할 필수 AI 도구와 기술들을 소개하고, 이러한 도구들에서 최상의 결과를 얻기 위한 프롬프트 엔지니어링 기법을 심도 있게 다룬다.

다음으로는 영화 제작의 각 단계－시나리오 작성, 영상 제작, 후반 작업, 음악과 사운드 디자인－에서 AI를 효과적으로 활용하는 방법을 상세히 설명한다. 각 장은 이론적 배경과 함께 실제 작업 과정에서의 구체적인 팁과 기법, 그리고 실제 사례 연구를 포함한다.

마지막으로, AI 영화 제작과 관련된 윤리적, 법적 고려 사항을 탐구하고, 미래의 기술 발전 방향과 이에 대비하는 방법을 모색한다. 이러한 포괄적인 접근을 통해, 독자들은 단순히 기술적 도구의 사용법을 넘어 AI 시대의 영화 창작자로서의 정체성과 역할에 대한 깊은 이해를 얻을 수 있을 것이다.

독자층과 활용 방안

이 책은 다양한 배경의 독자들을 위해 썼다. 전통적인 영화 교육을 받은 영화 제작자들은 AI 도구를 자신의 작업에 통합하는 방법을 배울 수 있고, 기술 배경을 가진 개발자나 AI 전문가들은 영화적 스토리텔링의 원리를 이해하는 데 도움을 받을 것이다. 또한 별도의 전문 지식 없이 자신의 이야기를 시각화하고 싶은 일반인들에게도 실용적인 지침이 될 수 있다.

이 책은 AI 기술이 영화 산업에 가져온 근본적인 변화를 탐구하고, 1인 창작자가 이러한 도구를 활용해 자신만의 이야기를 영화로 표현할 수 있는 실질적인 방법론을 제시한다. AI가 영화 제작의 민주화를 이끌고, 이전에는 기회가 제한되었던 수많은 목소리와 이야기가 세상에 나올 수 있는 길을 열어 준다는 점에 주목한다. 물론 이러한 변화는 기존 영화 산업과 직업군에 도전 과제를 제시하기도 하지만, 동시에 창작의 새로운 형태와 협업 모델을 발전시킬 수 있는 기회이기도 하다.

미래 전망

영화 제작의 미래는 거대 자본과 기술의 독점에서 벗어나, 더 다양하고 포용적인 창작 환경으로 나아가고 있다.

AI는 이 여정에서 강력한 조력자가 될 것이다. 하지만 그 과정에서 우리는 기술의 윤리적 사용, 저작권 문제, 그리고 인간 창의성의 고유한 가치에 대한 깊은 성찰이 필요함을 잊지 말아야 한다.

지금은 1인 창작자에게 전례 없는 가능성이 열린 황금기다. AI 기술은 계속해서 발전할 것이고, 영화 제작의 경계는 더욱 확장될 것이다. 이러한 변화의 시대에, 우리는 기술의 능력에 경탄하면서도 그것을 인간의 창의성과 예술적 비전을 실현하는 도구로 현명하게 활용하는 방법을 배워야 한다.

영화 제작의 미래는 거대 스튜디오와 대규모 제작 팀만의 영역이 아니다. 그것은 다양한 목소리, 독특한 관점, 그리고 새로운 형태의 이야기가 공존하는 더 포용적이고 창의적인 공간이 될 것이다. AI는 이러한 미래를 실현하는 데 중요한 역할을 할 것이며, 모든 창작자가 이 새로운 시대의 선구자가 될 수 있다.

이제 AI와 1인 영화 제작의 놀라운 세계로 모험을 떠날 시간이다. 기술의 한계를 뛰어넘고, 창의성의 경계를 확장하며, 무엇보다 우리만의 고유한 이야기를 세상과 나눌 수 있는 새로운 방법을 발견해 보자.

01

1인 AI 영화 제작의 새로운 시대

영화 역사상 처음으로, 한 사람이 스튜디오급 영화를 혼자서 제작할 수 있는 시대가 열렸다. 거대 자본과 수십 명의 전문가가 필요했던 영화 제작의 패러다임이 인공지능의 발전으로 변화하고 있다. 텍스트 프롬프트만으로 복잡한 장면을 생성하고, AI 기반 편집 도구로 서사를 구축하며, 가상 배우를 연출할 수 있게 되면서 창작의 경계가 재정의되고 있다. AI 기술이 영화 제작 생태계 전반에 가져온 근본적인 변화를 탐구하고, 과거에는 대규모 스튜디오와 상당한 예산이 필요했던 영화 제작이 이제는 개인 창작자들에게도 가능해진 배경을 살펴본다.

AI와 1인 창업?

영화 제작의 역사적 변천과 기술 혁신

영화의 역사는 기술 혁신의 역사와 불가분의 관계를 맺어 왔다. 1895년 뤼미에르 형제가 시네마토그래프로 최초의 영화를 상영한 이래, 영화 매체는 끊임없는 기술적 진보를 통해 발전해 왔다. 무성 영화에서 유성 영화로의 전환, 흑백에서 컬러로의 발전, 필름에서 디지털로의 이행, 그리고 컴퓨터 그래픽의 도입까지, 각각의 기술적 도약은 영화의 표현 가능성을 확장하고 제작 과정을 변화시켰다.

그러나 이러한 기술적 혁신들은 주로 영화의 표현 매체와 제작 효율성을 개선했을 뿐, 영화 제작의 근본적인 협업 구조와 접근성 문제를 해결하지는 못했다. 20세기 내내, 그리고 21세기 초반까지도 영화 제작은 본질적으로 대규모 협업 예술로 남아 있었다. 감독, 작가, 촬영 감독, 배우, 세트 디자이너, 의상 담당자, 음향 디자이너, 편집자 등 수십에서 수백 명의 전문가들이 하나의 비전을 실현하기 위해 조직적으로 움직이는 복잡한 과정이었다.

그러나 2020년대 초반 인공지능, 특히 생성형 AI 기술의 급속한 발전은 이전의 어떤 기술적 혁신과도 근본적으로 다른 변화를 가져왔다. AI는 단순히 기존 영화 제작 과정의 효율성을 높이는 데 그치지 않고, '누가', 그리고 '어떻게' 영화를 만들 수 있는지에 대한 근본적인 전제를 바꾸고 있다. 이는 영화 제작의 민주화를 의미하는 동시에, 영화라는 매체의 본질과 창작자의 역할에 대한 재정의를 요구하는 패러다임의 전환이다.

전통적 영화 제작의 구조적 한계

전통적인 영화 제작 방식의 가장 큰 한계는 접근성의 문제였다. 전문적인 수준의 영화를 제작하기 위해서는 세 가지 핵심 요소—상당한 자본, 전문 인력, 복잡한 장비—가 필수적이었다. 이러한 요소들은 대부분의 창의적인 개인들에게 넘기 어려운 장벽으로 작용했다.

재정적 측면에서, 단편 영화조차도 수천만 원의 예산이 필요했으며, 상업적인 장편 영화는 수십억에서 수백억 원의 제작비가 요구되었다. 이러한 자금을 조달하기 위해서는 스튜디오, 투자자 또는 정부 지원금에 의존해야 했으며, 이는 필연적으로 창작적 자율성의 제한으로 이어졌다. 결과적으로, 재정적 지원을 받기 위한 경쟁은 치열했고, 상업적 성공 가능성이 낮거나 '리스크'가 큰 독특한 창작적 비전은 종종 무시되었다.

인력 측면에서도, 영화 제작은 다양한 전문 분야의 협

업을 필요로 했다. 각 분야의 전문가들은 수년간의 교육과 현장 경험을 통해 기술을 연마한 사람들이었고, 이들의 전문성은 쉽게 대체할 수 없었다. 한 개인이 모든 영화 제작 분야에서 전문적인 수준의 기술을 습득하는 것은 거의 불가능에 가까웠다.

장비 측면에서도, 전문적인 영화 카메라, 조명 장비, 음향 녹음 장치, 편집 시스템 등은 매우 고가였으며, 이를 운용하기 위한 기술적 지식 또한 상당했다. 디지털 기술의 발전으로 장비 비용이 일부 감소했지만, 여전히 전문적인 수준의 영화 제작 장비는 개인 창작자에게는 큰 부담이었다.

이러한 구조적 한계는 영화 제작의 기회를 소수의 특권층에게 제한했다. 경제적, 사회적, 지리적 배경에 관계없이 누구나 자신의 이야기를 영화로 표현할 수 있어야 한다는 이상은 현실과는 거리가 멀었다. 특히 주류 영화 산업의 관심 밖에 있는 다양한 목소리와 관점, 소수자의 이야기, 실험적인 내러티브 등은 빛을 보기 어려웠다.

AI 기술의 발전과 영화 제작 패러다임의 변화

인공지능, 특히 생성형 AI 기술의 등장은 영화 제작의 패러다임을 근본적으로 변화시켰다. 이 기술 혁명은 단순한 도구의 진화가 아니라, 영화 제작의 본질에 대한 재정의를 요구하는 변화다.

2020년 이후 대규모 언어 모델(이하 LLM), 텍스트-이미지 생성 모델, 텍스트-비디오 생성 모델, 음성 합성 기술 등이 급속도로 발전하면서, 영화 제작의 거의 모든 단계에서 AI의 활용이 가능해졌다. 특히 주목할 점은 이러한 기술들이 단독으로 발전한 것이 아니라, 서로 융합되고 통합되어 시너지 효과를 창출했다는 것이다.

더욱 중요한 것은 이러한 기술들의 접근성이 놀라운 속도로 향상되었다는 점이다. 웹 기반 인터페이스와 사용자 친화적인 애플리케이션을 통해, 전문적인 기술 지식이 없는 일반인들도 이제 고품질의 시각 콘텐츠를 생성할 수 있게 되었다. 이는 창작 도구의 민주화를 의미하며, 영화 제작의 가능성을 소수의 전문가에서 모든 창의적인 개인에게로 확장하는 역사적 변화다.

AI 기술의 발전은 시간적으로도 놀라울 정도로 압축되어 있다. 2021년 초기 이미지 생성 모델이 텍스트 프롬프트로부터 단순한 이미지를 생성하던 시기에서, 2023년 복잡한 내러티브와 시각적 일관성을 갖춘 비디오 시퀀스를 생성할 수 있는 단계로 빠르게 발전했다. 이러한 압축된 혁신의 속도는 영화 기술 역사상 전례가 없는 것이며, 앞으로도 가속화될 것으로 예상된다.

AI가 변화시킨 영화 제작의 주요 영역

AI는 영화 제작의 전체 과정을 혁신적으로 변화시켰다. 시나리오 작성부터 후반 작업까지, 각 단계에서 AI는 과거에는 상상할 수 없었던 새로운 가능성을 열었다.

시나리오 및 스토리 개발

시나리오 영역에서, LLM은 창작자가 플롯 구조를 계획하고, 캐릭터를 발전시키며, 대화를 생성하는 데 도움을 준다. 더 중요한 것은, AI가 다양한 내러티브 가능성을 빠르게 탐색하고 실험할 수 있는 도구로 작용한다는 점이다. 이는 작가가 창작적 장애를 극복하고 새로운 이야기 방향을 발견하는 데 강력한 도구가 된다.

AI는 또한 기존 스토리의 구조적 분석, 장르 관습의 이해, 그리고 관객 반응 예측에도 활용된다. 이를 통해 창작자는 자신의 직관과 AI의 분석적 통찰을 결합해, 더 강력하고 효과적인 내러티브를 구축할 수 있다.

주목할 점은 AI가 인간 작가를 대체하기보다는, 창작 과정의 확장과 강화 도구로 기능한다는 것이다. 궁극적으로 이야기의 핵심—감정적 진실성, 주제적 깊이, 그리고 독창적 비전—은 여전히 인간 창작자의 영역으로 남아 있다.

시각적 스토리텔링

시각적 측면에서, AI는 영화의 모든 비주얼 요소를 혁신했다. 텍스트 프롬프트만으로 복잡한 세트와 배경을 생성하고, 캐릭터와 의상을 디자인하며, 특수 효과를 구현할 수 있게 되었다. 이는 특히 판타지, SF, 역사물 등 물리적 제작이 비용이나 기술적으로 제한적이었던 장르에서 획기적인 변화를 가져왔다.

또한 AI는 사전 시각화(Previsualization. 이하 프리비주얼라이제이션)와 스토리보딩 과정을 혁신했다. 기존에는 콘셉트 아티스트와 스토리보드 작가가 필요했던 작업을 이제는 창작자 스스로 텍스트 설명만으로 구현할 수 있게 되었다. 이는 창작자가 자신의 비전을 더 직접적으로 표현하고, 다양한 시각적 접근을 빠르게 탐색할 수 있게 한다.

시각적 스타일과 일관성 측면에서도 AI는 중요한 도구가 되었다. 특정 영화적 미학, 조명 스타일, 색상 팔레트를 정의하고 전체 영화에 걸쳐 일관되게 적용하는 것이 가능해졌다. 이는 1인 제작자에게 전문 촬영 감독과 미술팀 없이도 시각적으로 일관되고 매력적인 영화를 만들 수 있는 능력을 제공한다.

캐릭터와 연기

연기와 캐릭터 구현 영역에서도, AI는 혁명적인 변화를 가져왔다. 디지털 휴먼 기술과 음성 합성을 통해, 창작자는 가상의 배우나 특정 요구 사항에 맞는 캐릭터를 생성할 수 있게 되었다. 이는 캐스팅의 제약에서 벗어나 상상력의 한계만큼 다양한 캐릭터를, 배우의 고용 없이도 구현할 수 있게 했다.

감정 표현과 미묘한 연기 뉘앙스도 AI를 통해 구현 가능해졌다. 텍스트 설명에 기반해 특정 감정 상태, 성격 특성, 그리고 연기 스타일을 가진 캐릭터 퍼포먼스를 생성할 수 있게 된 것이다. 이는 특히 섬세한 감정 표현이 중요한 드라마 장르에서 큰 의미를 가진다.

또한 AI는 캐릭터 간의 상호작용과 집단 장면 구성에도 혁신을 가져왔다. 복잡한 군중 장면, 다양한 캐릭터 간의 상호작용, 넓은 범위의 사회적 역학을 시각화하는 것이 1인 제작자에게도 가능해졌다.

음향과 음악

음악과 사운드 디자인 영역에서, AI는 영화의 감정적 기조와 내러티브 흐름에 맞춘 맞춤형 사운드트랙을 생성할 수 있게 했다. 저작권 문제 없이 독창적인 음악을 활용할 수 있게 된 것은 독립 영화 제작자에게 특히 중요한 변화다.

AI 음악 생성 모델은 장르, 감정적 색조, 악기 구성, 내러티브 아크에 맞춘 음악을 생성할 수 있다. 이는 창작자가 자신의 영화에 고유한 음악적 정체성을 부여하고, 내러티브와 음악적 요소를 긴밀하게 통합할 수 있게 한다.

음향 효과와 환경 사운드 생성에도 AI가 활용된다. 특정 시대, 장소, 또는 환경에 맞는 사운드스케이프(Sound-scape)를 구축하는 것이 가능해졌으며, 이는 관객의 몰입도를 높이는 데 중요한 역할을 한다.

편집과 후반 작업

편집과 후반 작업에서도 AI는 영상의 리듬과 페이스를 최적화하고, 색보정을 자동화하며, 특수 효과를 적용하는 데 도움을 준다. 이는 편집 과정을 가속화하고, 다양한 스타일과 접근법을 실험할 수 있는 자유를 제공한다.

AI 편집 도구는 감정적 맥락과 내러티브 구조를 이해

해 최적의 편집 포인트를 제안한다. 또한 색보정, 화질 개선, 안정화 등의 기술적 과제를 자동화해, 창작자가 더 창의적인 결정에 집중할 수 있게 한다.

또한 AI는 시각 효과(VFX, Visual Effects)의 통합과 합성 과정을 단순화했다. 그린 스크린 없이도 배경을 대체하거나, 복잡한 시각 효과를 적용하는 것이 가능해져, 1인 제작자도 전문 시가 효과 팀 수준의 결과물을 만들어 낼 수 있게 되었다.

이렇게 영화 제작의 모든 핵심 영역에서 AI는 창작자의 표현 가능성을 확장하고, 기술적 장벽을 낮추며, 제작 과정을 효율화했다. 이는 한 개인이 과거에는 수십 명의 전문가가 필요했던 작업을 혼자 수행할 수 있는 토대를 마련했다.

1인 창작자를 위한 기회와 가능성

AI 영화 제작 기술의 발전은 1인 창작자에게 전례 없는 기회와 가능성을 열었다. 이는 단순한 기술적 발전을 넘어, 영화 매체의 민주화와 다양화를 의미한다.

무엇보다 중요한 것은 진입 장벽의 급격한 하락이다. 재정적, 기술적, 인적 자원의 제약으로 인해 영화 제작이 불가능했던 수많은 잠재적 창작자들이 이제 자신의 비전을 실현할 수 있게 되었다. 이는 영화 매체가 특권층의 전유물에서 보편적인 표현 수단으로 변화하고 있음을 의미한다.

창작의 속도와 실험 가능성도 크게 향상되었다. 과거에는 하나의 단편 영화를 제작하는 데도 수개월이 소요되었지만, AI를 활용하면 아이디어에서 완성까지의 시간이 대폭 단축된다. 이는 창작자가 다양한 스타일, 내러티브, 시각적 접근법을 빠르게 시도해 볼 수 있게 해, 창작적 성장과 혁신을 가속화한다.

또한 AI는 창작자의 상상력과 표현 범위를 확장한다. 물리적, 재정적 제약으로 인해 불가능했던 이야기와 세계를 구현할 수 있게 되면서, 창작자는 더 이상 '현실적으로 제작 가능한' 이야기에만 국한되지 않고 순수하게 자신의 창의적 비전에 충실할 수 있게 되었다.

더불어 AI는 창작 과정에서 새로운 형태의 공동 창작 관계를 제시한다. AI는 단순한 도구가 아니라, 창작자의 의도와 비전을 해석하고 확장하는 협력자로 기능할 수 있다. 이는 인간 창작자와 AI 사이의 새로운 형태의 창의적 대화와 협업 모델을 의미한다.

마지막으로, AI 영화 제작의 발전은 새로운 배포 및 수익화 모델의 등장으로 이어졌다. 온라인 플랫폼, 소셜 미디어, 그리고 새롭게 등장한 AI 전용 영화제와 쇼케이스는 1인 창작자들이 자신의 작품을 세상에 선보이고 인정받을 수 있는 새로운 경로를 제공한다.

1인 AI 영화 제작의 현실적 도전과 해결책

물론 이 새로운 영화 제작 패러다임에는 여전히 중요한 도전 과제가 존재한다. AI 기술의 한계, 창작적 통제와 표현의 정확성, 기술적 복잡성 등은 1인 창작자가 직면하는 주요 문제다.

현재 AI 모델들이 가진 기술적 한계는 분명히 존재한다. 캐릭터의 일관성 유지, 복잡한 장면 구성, 미묘한 감정 표현 등에서 아직 개선이 필요하다. 그러나 이러한 한계는 기술의 지속적인 발전과 창작자의 전략적 접근을 통해 점차 극복되고 있다.

특히 중요한 것은 AI를 활용한 영화 제작이 전통적인 영화 제작 기술과 지식을 대체하는 것이 아니라, 보완하고 확장한다는 점이다. 스토리텔링의 기본 원칙, 시각적 구성의 이해, 리듬과 페이스에 대한 감각 등 영화 창작의 핵심 역량은 여전히 중요하다. AI는 이러한 역량을 가진 창작자의 손에서 더욱 강력한 도구가 된다.

저작권과 윤리적 문제 또한 중요한 고려 사항이다. AI

모델의 학습 데이터, 생성된 콘텐츠의 법적 지위, AI 생성 콘텐츠의 진정성과 책임 등에 관한 질문은 아직 완전히 해결되지 않았다. 이는 창작자들이 인식하고 신중하게 접근해야 할 영역이다.

기술적 학습 곡선 또한 도전 과제다. 효과적인 프롬프트 작성, 다양한 AI 도구 간의 워크플로(Workflow 작업흐름) 구축, 그리고 최적의 결과를 위한 파라미터 조정 등은 상당한 실험과 경험이 필요하다. 그러나 지식 공유 커뮤니티와 교육 자료의 발전으로 이러한 학습 과정은 점차 용이해지고 있다.

1인 창작자들은 이러한 도전 과제를 인식하고, AI의 현재 능력에 맞는 프로젝트 설계, 하이브리드 접근법(AI와 전통적 기법의 조합), 그리고 지속적인 학습과 실험을 통해 이를 극복해 나갈 수 있다.

미래 전망: 새로운 영화 제작 시대의 지평

1인 AI 영화 제작의 미래는 어떻게 전개될 것인가? 기술적 발전은 계속될 것이고, 이는 창작 가능성의 지속적인 확장을 의미한다. 특히 AI 모델의 품질과 정확성이 향상되고, 사용자 인터페이스가 더욱 직관적으로 발전하면서, 기술적 장벽은 더욱 낮아질 것이다.

동시에, 1인 창작자를 중심으로 한 새로운 창작 커뮤니티와 협업 모델이 등장할 것으로 예상된다. AI 기술이 표준화되면서, 창작자들은 기술 자체보다 자신의 독특한 시각과 이야기에 더 집중할 수 있게 될 것이다.

또한 AI와 인간 창의성의 경계에 대한 더 깊은 탐구가 이뤄질 것이다. AI가 단순한 도구를 넘어 창작 파트너로 기능하면서, 인간-AI 협업의 새로운 모델과 방법론이 발전할 것이다.

영화 제작의 정의와 경계 자체도 확장될 것이다. 전통적인 선형적 영화를 넘어, 상호작용적 경험, 개인화된 내러티브, 실시간으로 변화하는 콘텐츠 등 새로운 형태의 시각적 스토리텔링이 등장할 가능성이 크다.

궁극적으로, 1인 AI 영화 제작의 발전은 영화라는 매체가 더 다양하고, 접근 가능하며, 혁신적인 표현 형식으로 진화하는 것을 의미한다. 이는 단순한 기술 혁명이 아니라, 누가 이야기를 하고, 어떤 이야기가 들려지며, 어떻게 그 이야기가 공유되는지에 대한 근본적인 변화를 의미한다.

창작 민주화의 의미와 책임

결론적으로, AI는 영화 제작의 민주화를 가속화하고 있다. 이는 기술적 혁신을 넘어, 표현의 자유와 창작적 가능성에 관한 보다 근본적인 변화를 의미한다.

이 새로운 시대는 창작자에게 전례 없는 자유와 가능성을 제공하지만, 동시에 새로운 책임과 도전도 가져온다. 기술적 한계를 인식하고 극복하는 능력, 다양한 AI 도구를 창의적으로 통합하는 역량, 그리고 무엇보다 기술 속에서도 인간적 가치와 진정성을 지키는 통찰력이 중요해진다.

1인 AI 영화 제작은 영화의 미래를 재정의하는 강력한 움직임이다. 이는 거대 자본과 전문 인력의 독점에서 벗어나, 모든 창의적인 개인이 자신의 이야기를 세상과 나눌 수 있는 새로운 시대의 시작을 의미한다. 기술은 계속해서 발전할 것이고, 그 과정에서 우리는 영화라는 매체와 창작자의 역할에 대한 근본적인 재고를 경험하게 될 것이다.

창작 패러다임의 문화적 영향

AI 영화 제작 패러다임의 변화는 단순히 기술적, 경제적 차원을 넘어 문화적으로도 깊은 의미를 가진다. 지금까지 주류 영화 산업은 특정 문화권, 사회적 배경, 경제적 특권을 가진 집단에 의해 주도되어 왔다. 이로 인해 스크린에 등장하는 이야기와 관점은 인류의 다양한 경험과 세계관 중 일부만을 반영하는 한계가 있었다.

AI 기반 1인 영화 제작의 등장은 이러한 문화적 불균형을 바로잡을 잠재력을 가지고 있다. 다양한 문화적, 지리적, 사회적 배경을 가진 창작자들이 자신만의 고유한 이야기를 세계와 공유할 수 있게 되면서, 영화 매체를 통해 표현되는 관점과 경험의 스펙트럼이 크게 확장될 수 있다.

특히 전통적으로 영화 산업에서 소외되었던 지역의 이야기꾼들, 소수자 커뮤니티, 비주류 예술가들에게 이러한 변화는 혁명적 의미를 가진다. 그들은 더 이상 주류 산업의 문지기(gatekeepers)의 승인이나 자원에 의존하지 않고도, 자신의 문화적 정체성과 세계관을 반영한 작품을 만들 수 있게 되었다.

이러한 문화적 다양성의 확장은 영화라는 매체를 더욱 풍요롭게 만들 뿐만 아니라, 전 세계 관객들에게도 더 다양한 인간 경험과 이야기에 접근할 수 있는 기회를 제공한다. 영화는 본질적으로 공감과 이해를 촉진하는 매체이며, 다양한 목소리와 관점의 증가는 문화 간 대화와 상호 이해를 증진하는 데 기여할 수 있다.

교육과 역량 개발의 변화

AI 영화 제작 기술의 발전은 영화 교육과 역량 개발 방식에도 근본적인 변화를 가져오고 있다. 전통적인 영화 교육은 대개 특정 기술 분야에 대한 전문성 개발에 중점을 두었다. 감독, 촬영 감독, 편집자 등 각 영역별 전문가 양성이 주요 목표였던 것이다.

그러나 1인 AI 영화 제작 패러다임에서는 창작자가 여러 영역에 걸친 통합적 이해와 역량을 개발해야 한다. 이는 깊은 기술적 전문성보다는, 영화적 비전을 총체적으로 구현할 수 있는 종합적 역량과 AI 도구를 효과적으로 활용하는 능력이 중요해짐을 의미한다.

영화 교육 기관들도 이러한 변화에 적응하고 있다. 전통적인 기술 중심 교육에서 벗어나, 스토리텔링의 핵심 원칙, 시각적 미학, 그리고 AI 도구를 창의적으로 활용하는 방법에 더 중점을 두는 방향으로 커리큘럼을 조정하고 있다. 또한 인간-AI 협업의 윤리적, 창작적 측면을 다루는 새로운 교육 모듈도 등장하고 있다.

동시에, 공식적인 영화 교육의 중요성 자체가 재평가되고 있다. AI 도구의 직관적 특성과 온라인 학습 자원의 풍부함은 많은 창작자들이 전통적인 영화학교 없이도 필요한 지식과 기술을 습득할 수 있게 만들었다. 온라인

커뮤니티, 튜토리얼, 멘토링 프로그램 등 대안적 학습 경로가 증가하면서, 영화 교육은 더욱 접근 가능하고 다양한 형태로 진화하고 있다.

이러한 교육 패러다임의 변화는 영화 창작자의 정체성과 역할에 대한 근본적인 재고를 요구한다. 오늘날의 1인 AI 영화 제작자는 특정 기술 분야의 전문가라기보다 다양한 도구와 지식을 통합해 자신의 창작적 비전을 실현하는 전반적인 콘텐츠 제작자에 가까워지고 있다.

산업 생태계의 재구성

1인 AI 영화 제작의 부상은 영화 산업의 생태계 전반에 변화를 가져오고 있다. 전통적인 영화 산업은 제작사, 스튜디오, 배급사 등 여러 중개자들이 창작자와 관객 사이에 위치하는 복잡한 가치 사슬로 구성되어 있었다. 그러나 AI 기술은 이러한 가치 사슬을 압축하고, 때로는 우회할 수 있는 가능성을 제시한다.

새로운 배포 모델과 플랫폼의 등장은 이러한 변화를 가속화하고 있다. 온라인 비디오 플랫폼, 소셜 미디어, 그리고 독립 영화 전용 스트리밍 서비스 등은 1인 창작자들이 중개자 없이도 자신의 작품을 직접 관객에게 선보일 수 있는 경로를 제공한다. 이는 창작자가 더 큰 창작적 자율성과 경제적 통제력을 가질 수 있음을 의미한다.

동시에 새로운 형태의 협업과 공동 창작 모델도 등장하고 있다. AI 도구를 중심으로 한 느슨한 창작자 네트워크, 오픈 소스 프로젝트, 크라우드소싱 기반 제작 등 다양한 협업 형태가 전통적인 계층적 제작 구조를 대체하고 있다. 이는 더 유연하고 분산된 형태의 영화 제작 모델을 가능하게 한다.

또한 AI 영화 제작을 위한 특화된 새로운 서비스와 비즈니스 모델도 발전하고 있다. AI 모델 특화 서비스, 맞춤형 영화 제작 도구, 1인 창작자를 위한 기술 지원 및 컨설팅 등 새로운 산업 영역이 형성되고 있다. 이는 1인 영화 제작자를 지원하는 새로운 생태계의 출현을 의미한다.

이러한 산업 생태계의 재구성은 영화 산업의 권력 구조와 가치 흐름에 근본적인 변화를 가져온다. 중앙화된 대규모 스튜디오 중심 모델에서, 더 분산되고 다양한 창작자 중심 모델로의 전환이 진행되고 있는 것이다.

관객 경험과 참여의 재정의

AI 영화 제작의 발전은 관객의 역할과 경험도 재정의하고 있다. 전통적으로 영화 관람은 본질적으로 수동적인 경험이었다. 창작자가 만든 작품을 관객이 소비하는 단방향 모델이었던 것이다. 그러나 AI 기술은 이러한 관계를 더 역동적이고 상호작용적인 것으로 변화시킬 잠재력을 가지고 있다.

관객 참여형 영화 제작의 가능성이 확대되고 있다. 관객의 선택이나 입력에 따라 내러티브가 변화하는 인터랙티브 영화, 관객의 프롬프트나 아이디어를 기반으로 실시간으로 내용이 생성되는 영화 경험 등이 가능해지고 있다. 이는 수동적 관람자에서 창작 과정의 적극적 참여자로 관객의 역할을 확장한다.

개인화된 영화 경험도 AI 기술을 통해 가능해지고 있다. 관객의 취향, 관심사, 심지어 감정 상태에 맞춰 내용이 조정되는 적응형 영화 콘텐츠가 발전하고 있다. 이는 모든 관객에게 동일한 내용을 제공하는 기존 모델에서 벗어나, 각 관객에게 맞춤화된 경험을 제공하는 새로운 패러다임을 의미한다.

또한 AI 기술은 영화 콘텐츠에 대한 접근성을 향상하고 있다. 자동 번역과 더빙, 시각/청각 장애인을 위한 적응형 콘텐츠, 다양한 문화적 맥락에 맞춘 버전 생성 등이 가능해지면서, 더 많은 관객이 다양한 영화 콘텐츠를 향유할 수 있게 되었다.

이러한 변화는 영화가 무엇인지, 어떻게 경험되는지에 대한 근본적인 재고를 요구한다. 고정된 선형적 텍스트로서의 영화에서, 더 유동적이고, 참여적이며, 개인화된 경험으로의 전환이 일어나고 있는 것이다.

철학적, 예술적 의미

1인 AI 영화 제작의 부상은 예술, 창의성, 그리고 인간-기계 관계에 관한 깊은 철학적 질문들을 제기한다. 이는 단순한 기술적 변화를 넘어, 창작과 표현의 본질에 대한 근본적인 탐구로 이어진다.

예술적 주체성에 대한 질문이 제기된다. AI가 창작 과정에 깊이 관여할 때, 최종 작품의 '저자'는 누구인가? 인간 창작자와 AI 시스템 사이의 창작적 기여를 어떻게 이해하고 평가해야 하는가? 이러한 질문들은 예술 작품의 가치와 의미가 어디에서 비롯되는지에 대한 오랜 철학적 논쟁을 새로운 맥락에서 재점화한다.

AI 생성 작품의 진정성과 가치에 대한 질문도 중요하다. AI의 개입이 작품의 예술적 가치를 감소시키는가, 아니면 새로운 형태의 가치를 창출하는가? AI가 인간의 작품을 '모방'하는 것과 독창적인 표현 사이의 경계는 어디인가? 이러한 질문들은 예술적 가치와 진정성의 본질에 대한 재고를 요구한다.

더 근본적으로, AI 영화 제작은 인간 창의성의 고유성에 대한 질문을 제기한다. 창의성이 오직 인간만의 특성인가, 아니면 기계도 진정한 의미에서 '창의적'일 수 있는가? 이러한 질문은 인간성의 본질과 인간-기계 관계의 미래에 대한 더 넓은 철학적 탐구로 확장된다.

영화 이론과 비평의 관점에서도, AI 영화는 새로운 분석적 틀과 접근법을 요구한다. 전통적인 작가주의, 장르 이론, 형식 분석 등의 비평적 접근법이 AI와 인간의 협업으로 만들어진 작품에는 어떻게 적용되어야 하는가? 새로운 형태의 영화 이론과 비평 언어가 발전해야 할 필요성이 제기된다.

이러한 철학적, 예술적 질문들은 1인 AI 영화 제작을 단순한 기술적 혁신이 아닌, 예술과 인간 표현의 본질에 대한 깊은 성찰을 요구하는 문화적 현상으로 이해하게 한다. 이 영역에서의 탐구는 영화 매체의 미래뿐만 아니라, 디지털 시대의 예술과 창의성에 대한 이해를 형성하는 데 중요한 역할을 할 것이다.

다음을 위한 준비

이상에서 살펴본 내용은 1인 AI 영화 제작이라는 새로운 패러다임의 다차원적 측면을 조명했다. 기술적 가능성에서부터 문화적, 산업적 영향, 그리고 철학적 의미에 이르기까지, 이 혁명은 영화 매체와 창작 과정의 본질적 재정의를 요구한다.

우리는 이러한 변화를 실현하기 위한 구체적인 도구와 기술적 기반을 살펴볼 것이다. 1인 제작자가 알아야 할 필수 AI 도구와 기술들을 소개하고, 각 도구의 특성과 활용법을 탐구함으로써, 이론적 가능성을 현실적 실천으로 전환하는 방법을 모색할 것이다.

이러한 탐구를 통해, 우리는 1인 AI 영화 제작자가 직면한 실질적인 도전과 기회를 더 명확히 이해하고, 이 새로운 창작 패러다임을 효과적으로 활용할 수 있는 기반을 마련할 수 있을 것이다.

02
필수 AI 도구와 기술 개요

영화 제작의 각 단계마다 특화된 AI 도구들이 놀라운 속도로 발전하고 있다. 시나리오 작성부터 최종 출력까지, 이제 1인 제작자는 적절한 AI 도구 조합만으로도 스튜디오급 영화를 창작할 수 있게 되었다. 과거 수십 명의 전문가 팀이 필요했던 작업들이 이제는 단일 창작자의 손끝에서 가능해졌다. 프리프로덕션, 프로덕션, 포스트프로덕션 단계별로 현재 활용 가능한 핵심 AI 도구와 기술을 체계적으로 살펴보고, 각 도구의 가능성과 한계를 탐구한다.

AI와 MBTI?

AI 영화 제작 도구의 생태계 개요

영화 제작 과정은 크게 세 단계—프리프로덕션(기획/준비), 프로덕션(촬영/제작), 포스트프로덕션(편집/후반작업)—로 나눌 수 있다. AI 도구들은 이제 이 모든 단계에서 핵심적인 역할을 하고 있으며, 각 단계별로 특화된 도구들이 1인 영화 제작자의 창작 역량을 확장하고 있다.

이러한 도구들은 접근성과 기능에 따라 다양한 스펙트럼을 가지고 있다. 무료 또는 저비용 옵션부터 전문적인 구독 기반 서비스까지, 1인 제작자는 자신의 예산과 필요에 맞는 도구를 선택할 수 있다. 일부 도구는 오픈소스로 제공되어 커스터마이징이 가능한 반면, 상용 설루션은 보다 세련된 인터페이스와 안정적인 성능을 제공한다.

도구 선택 시 고려해야 할 핵심 요소로는 출력물의 품질, 처리 속도, 커스터마이징 가능성, 다른 도구와의 호환성, 학습 곡선, 비용 대비 가치가 있다. 1인 제작자는 자신의 프로젝트 규모, 기술적 전문성, 예술적 비전에 맞는 도구 조합을 구성해야 한다.

프리프로덕션 단계의 AI 도구

시나리오 작성과 스토리 개발 도구

시나리오 작성은 영화 제작의 첫 단계이며, 여기서 AI는 이미 혁신적인 변화를 가져오고 있다. 대표적인 도구로는 챗GPT, 클로드(Claude), 제미나이(Gemini, 구 Bard) 등의 대화형 LLM이 있다. 이러한 도구들은 창작자의 아이디어를 발전시키고, 캐릭터를 구축하며, 대화를 생성하는 데 탁월한 기능을 제공한다.

영화 시나리오 특화 도구로는 수도라이트(Sudo-write), 노블AI(NovelAI), 재스퍼(Jasper) 등이 있다. 이 도구들은 표준 시나리오 형식을 자동으로 적용하고, 장르 관습에 맞는 구조를 제안하며, 캐릭터 일관성을 유지하는 데 도움을 준다.

스토리 분석 도구로는 스토리핏(StoryFit) 등이 있다. 이들은 기존 영화와 드라마의 패턴을 학습해 스토리의 흐름, 캐릭터 아크, 그리고 관객 반응을 예측하는 데 도움을 준다.

비주얼 콘셉트와 프리비주얼라이제이션 도구

시나리오가 준비되면, 다음 단계는 이를 시각적으로 구

체화하는 것이다. 이 영역에서 가장 혁신적인 도구들로는 미드지니(Midjourncy), 달리(DALL · E), 스테이블 디퓨전(Stable Diffusion), 구글(Google) 이미지FX (ImageFX), 어도비 파이어플라이(Adobe Firefly) 등의 텍스트-이미지 생성 AI가 있다. 이 도구들을 통해 창작자는 텍스트 설명만으로 영화의 시각적 스타일, 장소, 캐릭터, 의상, 조명 등을 탐색할 수 있다.

프리비주얼라이제이션을 위한 특화 도구로는 원더 스튜디오(Wonder Studio), 런웨이ML(RunwayML), LTX 스튜디오(LTX Studio) 등이 있다. 이들은 스토리보드 생성, 캐릭터 시각화, 간단한 애니메틱 제작을 지원한다.

스토리보드 생성에는 보드(Boords), 캐털리스트(Katalist), 스토리보더ai(Storyboarder.ai), 스토리보드 히어로(Storyboard Hero) 등이 활용된다. 이 도구들은 영화의 전체적인 시각적 톤과 스타일을 설정하는 데 도움을 준다.

프로덕션 계획 및 로지스틱스 도구

영화 제작의 계획 단계에서도 AI는 유용하게 활용된다. 셀틱스(Celtx), 스튜디오바인더(StudioBinder) 같은 도구들은 AI 기능을 통합해 제작 일정 관리, 예산 계획, 자원 할당을 최적화한다.

프로덕션 단계의 AI 도구

영상 생성 AI 모델

프로덕션 단계의 핵심은 실제 영상을 생성하는 것이다. 최근 텍스트-비디오 생성 기술은 급속도로 발전하고 있으며, 구글 비오(Google Veo, 최신 Veo 3), 런웨이ML 젠3(RunwayML Gen-3), 스테이블 비디오 디퓨전(Stable Video Diffusion), 피카 랩스(Pika Labs) 등이 대표적인 도구다. 이들은 텍스트 설명에서 직접 비디오 클립을 생성하거나, 이미지에서 동영상을 확장할 수 있는 기능을 제공한다.

이미지 기반 영상 생성 도구로는 D-ID, 신세시아(Synthesia), 헤이젠(HeyGen) 등이 있다. 이들은 정적 이미지에 애니메이션을 적용하거나, 얼굴 사진을 기반으로 말하는 비디오를 생성할 수 있다.

가상 배우와 디지털 휴먼 기술

현대 영화 제작에서 가상 배우의 활용은 점점 더 일반화되고 있다. 이 영역에서 주요 도구로는 에픽 게임스

(Epic Games)의 메타휴먼 크리에이터(MetaHuman Creator), 리얼루전(Reallusion)의 캐릭터 크리에이터(Character Creator), 레디 플레이어 미(Ready Player Me) 등이 있다. 이들은 사실적인 디지털 휴먼을 생성하고 커스터마이징할 수 있는 기능을 제공한다.

음성 생성과 립싱크 도구로는 일레븐랩스(ElevenLabs), 신세시아(Synthesia), 리스피처(Respeecher) 등이 있다. 이들은 텍스트나 오디오 입력을 기반으로 캐릭터의 입 움직임과 표정을 자연스럽게 애니메이션화한다.

배경 및 세트 생성 기술

물리적 세트 없이도 다양한 환경을 구현할 수 있는 기술도 발전하고 있다. 언리얼 엔진(Unreal Engine)의 버추얼 프로덕션(Virtual Production) 툴셋, 엔비디아(NVIDIA) 옴니버스(Omniverse), 유니티(Unity)의 버추얼 프로덕션(Virtual Production) 등은 실시간 가상 환경 제작을 위한 플랫폼을 제공한다.

AI 기반 특수효과와 비주얼 이펙트

영화 촬영 과정에서 다양한 시각 효과를 구현하기 위한 AI 도구들도 발전하고 있다. 원더 다이내믹스(Wonder

Dynamics), 런웨이ML(RunwayML), 플로리스AI(Flawless AI) 등은 실시간 또는 근실시간으로 촬영 영상에 시각 효과를 적용할 수 있는 기능을 제공한다.

포스트프로덕션 단계의 AI 도구

편집 및 몽타주 자동화 도구

촬영 완료 후, 편집 단계에서도 AI는 강력한 도구로 활용된다. 자동 편집 도구로는 어도비 프리미어 프로(Adobe Premiere Pro)의 AI 기능, 런웨이ML(RunwayML), 디스크립트(Descript) 등이 있다. 이들은 촬영된 영상을 분석해 최적의 컷 포인트를 제안하고, 초기 편집 시퀀스를 자동으로 생성한다.

영상 향상 및 보정 도구

포스트프로덕션 단계에서 영상 품질 향상을 위한 다양한 AI 도구들이 활용된다. 해상도 향상(업스케일링) 도구로는 토파즈 비디오 인핸스 AI(Topaz Video Enhance AI), DVD팹 인라저 AI(DVDFab Enlarger AI) 등이 있다. 이들은 저해상도 영상을 고해상도로 변환하며, 이 과정에서 세부 정보를 보존하거나 심지어 향상한다.

색보정과 그레이딩 도구로는 다빈치 리졸브(DaVinci Resolve)의 뉴럴 엔진(Neural Engine), 컬러랩 AI (Colourlab AI) 등이 있다. 이들은 자동 색상 매칭, 피부 톤 최적화, 전체적인 영상의 룩(look)을 향상하는 기능을 제공한다.

시각 효과 및 합성 도구

포스트프로덕션 단계에서 복잡한 시각 효과와 합성 작업을 위한 AI 도구들도 다양하게 활용된다. 애프터 이펙트(After Effects)의 AI 기능, 누크(Nuke)의 스마트 벡터(Smart Vectors), 퓨전(Fusion)의 AI 추적 등이 있다. 이들은 복잡한 합성 작업을 자동화하고, 다양한 시각 요소들이 자연스럽게 통합되도록 돕는다.

음향 및 음악 제작 AI 설루션

영화의 청각적 요소도 AI 기술로 크게 향상되고 있다. 음악 생성 도구로는 에이바(AIVA), 수노(Suno), 우디오(Udio), 뮤버트(Mubert) 등이 있다. 이들은 영화의 정서적 분위기와 내러티브 맥락에 맞는 맞춤형 사운드트랙을 생성할 수 있다.

음성 생성 도구로는 일레븐랩스(ElevenLabs), 리젬블

AI(Resemble AI), 웰새드 랩스(WellSaid Labs) 등이 있다. 이들은 텍스트를 자연스러운 음성으로 변환하는 TTS 기능을 제공한다.

자막 및 지역화 도구

글로벌 배포를 위한 자막 및 번역 도구도 AI로 크게 향상되었다. 자동 자막 생성 도구로는 오터ai(Otter.ai), 디스크립트(Descript), 어도비 프리미어 프로(Adobe Premiere Pro)의 자동 자막 등이 있다. 이들은 영상의 음성을 분석해 정확한 자막을 생성하고, 타임코드를 자동으로 조정한다.

AI 도구의 통합과 워크플로 구축

다양한 AI 도구들을 효과적으로 연결하고 일관된 워크플로를 구축하는 것은 1인 제작자의 핵심 과제다. 도구 간 통합을 위한 플랫폼으로는 런웨이ML(RunwayML), 어도비 크리에이티브 클라우드(Adobe Creative Cloud), 구글(Google)의 플로(Flow) 등이 있다. 이들은 여러 AI 도구 간의 원활한 데이터 흐름을 가능하게 한다.

1인 제작자를 위한 실용적 도구 선택 가이드

모든 AI 도구가 모든 1인 제작자에게 적합한 것은 아니다. 예산, 기술적 전문성, 그리고 프로젝트의 특성에 따라 최적의 도구 조합은 달라진다.

초보 및 저예산 제작자를 위한 무료/저비용 옵션:

Stable Diffusion

RunwayML(무료 티어)

DaVinci Resolve

Blender

ChatGPT

중간 수준의 제작자를 위한 중급 설루션:

Midjourney

RunwayML Pro

Descript Pro

Adobe Creative Cloud

ElevenLabs

전문 제작자를 위한 고급 설루션:

Google Veo

NVIDIA Omniverse

Unreal Engine

Flawless AI

LTX Studio

미래 전망: 등장 예정인 혁신적 도구들

AI 영화 제작 도구의 발전 속도는 계속해서 가속화되고 있다. 가까운 미래에 등장할 것으로 예상되는 기술로는 실시간 인터랙티브 비디오 생성, 통합 멀티모달 AI 시스템, 감성 인식 편집 시스템 등이 있다. 이들은 1인 제작자의 능력을 더욱 확장할 것으로 예상된다.

살펴본 다양한 AI 도구들은 영화 제작의 모든 단계에서 1인 창작자의 능력을 크게 확장한다. 프리프로덕션에서의 아이디어 개발과 시각화, 프로덕션에서의 영상 생성과 특수 효과 구현, 포스트프로덕션에서의 편집 및 마무리에 이르기까지, AI는 이제 영화 제작의 필수 동반자가 되었다.

중요한 것은, 이러한 도구들이 단순히 기술적 대체물이 아니라 창작적 파트너로서 기능한다는 점이다. 1인 제작자는 이 도구들을 통해 자신의 고유한 비전을 더 효과적으로 표현하고, 기술적 제약에서 벗어나 창의적 가능성에 집중할 수 있게 되었다.

기술은 계속 발전할 것이며, 오늘날 소개된 도구들은 미래에 더욱 강력하고 접근성 높은 버전으로 진화할 것이다. 따라서 특정 도구의 기능보다는, 각 제작 단계에서 AI가 어떤 역할을 할 수 있는지에 대한 근본적인 이해가 중요하다. 이러한 이해를 바탕으로, 1인 영화 제작자는 계속 변화하는 기술 환경에서도 자신의 창작 비전을 효과적으로 실현할 수 있을 것이다.

03
효과적인 AI 프롬프팅 기법

AI 이미지 생성에서 프롬프트는 창작자의 비전을 구현하는 핵심 언어다. 특히 영화적 이미지 생성에는 숏 사이즈, 구도, 화각, 카메라 위치, 조명, 인물 표정 등 시네마토그래피의 복잡한 요소들이 정확하게 전달되어야 한다. 영화 제작의 시각적 문법을 AI 프롬프트로 효과적으로 변환하는 방법과 노하우를 탐구하며, 창작자가 원하는 정확한 영화적 감성과 스타일을 AI를 통해 구현하는 기술을 습득한다.

AI와 난임 극복?

영화적 프롬프트의 기본 원리

AI 이미지 생성 모델은 텍스트 프롬프트를 시각적 이미지로 변환하는 과정에서 학습 데이터에 기반한 패턴 인식을 활용한다. 따라서 영화적 이미지를 효과적으로 생성하기 위해서는 영화 산업에서 사용되는 전문 용어와 시각적 문법을 활용하는 것이 중요하다.

프롬프트 작성 시 가장 먼저 고려해야 할 점은 전문 영화 용어의 활용이다. "cinematic(시네마틱)", "film look(필름룩)", "movie still(영화스틸숏)", "cinematography(시네마토그라피)" 등의 용어를 프롬프트 앞부분에 포함하는 것만으로도 AI가 생성하는 이미지의 영화적 품질이 크게 향상된다. 이는 AI 모델이 이러한 키워드를 영화와 관련된 고품질 이미지와 연결하도록 학습되어 있기 때문이다.

또한 특정 영화 장르나 시대적 스타일을 지정하는 것도 효과적이다. "film noir(필름누아르)", "Neorealism(네오리얼리즘)", "French New Wave(프렌치뉴웨이브)", "golden age of Hollywood(골든에이지오브헐리우드)" 등의 용어는 특정 영화 미학과 시각적 스타일을 불러일으킨다. 더 현대적인 스타일을 원한다면 "IMAX(아이맥스)", "ARRI Alexa(아리 알렉사)", "RED camera(레드카메라)", "70mm film(70mm 필름)" 등의 특정 카메라나 포맷 정보를 포함하는 것이 좋다.

프롬프트 구성에서는 일반적으로 다음과 같은 순서가 효과적이다:

- 영화적 품질을 나타내는 용어[cinematic(시네마틱), film look(필름룩) 등].
- 숏 타입과 카메라 정보[close-up(클로즈업), wide angle lens(와이드앵글렌즈) 등].
- 주요 피사체와 행동/감정 설명.
- 환경, 배경, 시간 정보.
- 조명과 색상 정보.
- 참조할 영화 스타일이나 감독[Kubrickesque(큐브릭스타일), Wes Anderson style(웨스앤더슨스타일) 등].

이러한 기본 구조를 바탕으로, 이제 영화의 시각적 문법의 핵심 요소들을 프롬프트로 어떻게 표현할 수 있는지 더 자세히 살펴보자.

숏 사이즈와 그 효과적인 프롬프트 표현

숏 사이즈는 피사체가 프레임 내에서 차지하는 비율을

결정하며, 각각의 사이즈는 서로 다른 감정적, 내러티브적 효과를 가진다. 다음은 주요 숏 사이즈와 이를 효과적으로 표현하는 프롬프트 예시다.

익스트림 클로즈업(Extreme Close-Up, ECU)

특징: 피사체의 아주 작은 부분(눈, 입 등)만 확대해서 보여 주며, 극도의 친밀감이나 디테일을 강조한다.
감정적 효과: 강렬한 감정, 긴장감, 내밀함.
프롬프트 예시: "Cinematic extreme close-up of a woman's teary eye reflecting candlelight, shallow depth of field, ARRI Alexa, emotional storytelling, intimate detail(촛불이 비치는 여성의 눈물이 맺힌 눈의 극단적 클로즈업, 얕은 심도, 아리 알렉사 카메라, 감정적 서사, 섬세한 묘사)"

클로즈업(Close-Up, CU)

특징: 피사체의 얼굴이나 작은 물체를 프레임에 꽉 차게 보여 준다.
감정적 효과: 감정적 연결, 인물의 심리 상태 강조.
프롬프트 예시: "Cinematic close-up portrait of an elderly man with weathered face, dramatic lighting, emo-

tional depth, 35mm film look, inspired by Roger Deakins cinematography(풍파를 겪은 노인의 영화적 클로즈업 초상, 극적 조명, 정서적 깊이, 35mm 필름 감성, 로저 디킨스 스타일)"

미디엄 클로즈업(Medium Close-Up, MCU)

특징: 인물의 가슴 또는 어깨 위부터 머리까지 보여 준다.

감정적 효과: 감정 표현과 약간의 환경 맥락의 균형.

프롬프트 예시: "Cinematic medium close-up of a scientist in a dimly lit laboratory, focused expression, glowing blue equipment in background, atmospheric lighting, film look(희미하게 조명된 실험실 속 과학자의 영화적 중간 클로즈업, 집중된 표정, 배경에 빛나는 푸른 실험장비, 무드조명, 필름 감성)"

미디엄 숏(Medium Shot, MS)

특징: 인물의 허리나 엉덩이 위부터 머리까지 보여 준다.

감정적 효과: 인물의 동작과 주변 환경의 균형 잡힌 표현.

프롬프트 예시: "Cinematic medium shot of a chef

working in a busy restaurant kitchen, professional DSLR, shallow depth of field, golden hour color grading, environmental storytelling(분주한 음식점 주방 속 요리사의 영화적 중간 숏, 프로용 dslr, 얕은 심도, 골든 아워 색 보정, 공간을 통한 서사)"

미디엄 롱 숏(Medium Long Shot, MLS)

특징: 인물의 무릎 위부터 머리까지 보여 주며, 주변 환경도 함께 표현한다.

감정적 효과: 인물과 환경의 관계 표현.

프롬프트 예시: "Cinematic medium long shot of a detective standing in a rainy alley, film noir style, wet reflective surfaces, moody lighting, Blade Runner inspired aesthetics(빗속 골목길에 선 형사의 영화적 중간 원거리 숏, 누아르 스타일, 젖어서 반짝이는 표면, 분위기 있는 조명, 블레이드 러너풍 미장센)"

롱 숏(Long Shot, LS 또는 Wide Shot, WS)

특징: 인물의 전신과 주변 환경을 함께 보여 준다.

감정적 효과: 환경적 맥락, 고립감, 인물과 세계의 관계.

프롬프트 예시: "Cinematic wide shot of a lone figure

standing on a vast desert landscape, golden hour, anamorphic lens, Deakinesque cinematography, sense of isolation, epic scale(끝없는 사막에 홀로 선 형상의 원거리 숏, 골든아워, 아나모픽렌즈, 로저 디킨스 스타일 촬영, 고독감, 장대한 서사 스타일)"

익스트림 롱 숏(Extreme Long Shot, ELS)

특징: 매우 넓은 영역을 보여 주며, 인물은 환경 속에서 아주 작게 표현된다.

감정적 효과: 장대함, 웅장함, 인물의 작음과 환경의 압도적 존재감.

프롬프트 예시: "Cinematic extreme wide shot of a mountain range with tiny silhouette of a climber, vast scale, epic landscape, atmospheric fog, inspired by The Revenant, shot on 70mm IMAX(작은 등반가의 실루엣이 있는 산맥의 영화적 익스트림 와이드숏, 광대한 규모, 서사적 풍경, 대기 중 안개, 레버넌트에서 영감받음, 70mm 아이맥스로 촬영)"

각 숏 사이즈를 AI에 요청할 때는 단순히 기술적 용어만 사용하기보다 그 숏이 불러일으키는 감정적 효과도 함께 언급하는 것이 효과적이다. 예를 들어, 클로즈업을 요청할 때 "to convey vulnerability(취약함 전달 위해)" 또는 "to emphasize emotional tension(감정적 긴장감 유발 위해)" 같은 표현을 추가하면 AI가 그 의도에 맞는 이미지를 생성할 가능성이 높아진다.

카메라 앵글과 위치의 프롬프트 활용

카메라 앵글과 위치는 관객의 시점을 결정하고, 피사체와의 심리적 관계를 설정하는 중요한 요소다. 이를 효과적으로, 영어로 프롬프트에 반영하는 방법을 살펴보자:

아이 레벨(Eye Level)

특징: 일반적인 시선 높이에서 촬영된 앵글로, 가장 자연스럽고 중립적인 시점이다.
감정적 효과: 객관성, 현실감, 관객과 동등한 위치.
프롬프트 예시: "Cinematic eye level shot of a business meeting, natural perspective, realistic human interaction, corporate environment, professional cinematography, neutral storytelling(비즈니스 미팅의 영화적 아이 레벨 숏, 자연스러운 시점, 현실적 인간 상호작용, 기업 환경, 전문적인 촬영 기법, 중립적 스토리텔링)"

하이 앵글(High Angle)

특징: 피사체보다 높은 위치에서 아래를 내려다보는 앵글이다.

감정적 효과: 피사체의 취약함, 무력함, 열등감 암시.

프롬프트 예시: "Cinematic high angle shot of a prisoner in a cell, looking vulnerable and small, dramatic shadows, institutional color palette, psychological framing, inspired by The Shawshank Redemption(감방 속 죄수의 영화적 하이앵글 숏, 취약하고 작아 보이는, 극적인 그림자, 기관적 색상 팔레트, 심리적 프레이밍, 쇼생크 탈출에서 영감받음.)"

로 앵글(Low Angle)

특징: 피사체보다 낮은 위치에서 위를 올려다보는 앵글이다.

감정적 효과: 피사체의 권위, 힘, 위엄, 위협감 강조.

프롬프트 예시: "Cinematic low angle shot of a powerful CEO standing in front of a skyscraper, imposing figure, architectural lines converging upward, dramatic corporate lighting, sense of authority, Anamorphic lens(고층 빌딩 앞에 서 있는 강력한 CEO의 영화적 로

앵글 숏, 위압적인 인물, 위로 수렴하는 건축적 선들, 극적인 기업 조명, 권위감, 아나모픽 렌즈)"

버즈 아이 뷰(Bird's Eye View)

특징: 매우 높은 곳에서 수직으로 내려다보는 앵글이다.
감정적 효과: 전지적 시점, 패턴 인식, 인물의 작음 강조.
프롬프트 예시: "Cinematic bird's eye view of a complex maze with a tiny figure at the center, perfect symmetry, intricate patterns, inspired by Kubrick's visual style, meticulous composition(중앙에 작은 인물이 있는 복잡한 미로의 영화적 버즈 아이 뷰, 완벽한 대칭, 복잡한 패턴, 큐브릭의 시각적 스타일에서 영감을 받은, 세심한 구성)"

더치 앵글(Dutch Angle / Tilted Angle)

특징: 카메라를 의도적으로 기울여 수평선이 비스듬하게 보이는 앵글이다.
감정적 효과: 불안정함, 불균형, 심리적 혼란, 긴장감.
프롬프트 예시: "Cinematic dutch angle shot of a paranoid character in a dimly lit hallway, tilted horizon creating unease, film noir shadows, psychological thriller

aesthetic, inspired by The Third Man(어두운 복도 속 편집증적 인물의 영화적 더치 앵글 숏, 불안감을 조성하는 기울어진 수평선, 필름 누아르 그림자, 심리 스릴러 미학, 제3의 사나이에서 영감을 받은)"

오버 더 숄더(Over-the-Shoulder, OTS)

특징: 한 인물의 어깨 너머로 다른 인물이나 대상을 바라보는 앵글이다.

감정적 효과: 대화 상황, 관계성, 관객이 대화에 참여하는 듯한 느낌.

프롬프트 예시: "Cinematic over-the-shoulder shot of a tense negotiation between detective and suspect, shallow depth of field focusing on suspect's face, dramatic interrogation room lighting, crime film aesthetic(형사와 용의자 간의 긴장된 협상의 영화적 오버 더 숄더 숏, 용의자 얼굴에 초점을 맞춘 얕은 피사계 심도, 극적인 심문실 조명, 범죄 영화 미학)"

POV(Point of View)

특징: 특정 인물의 시점에서 바라보는 것처럼 촬영하는 기법이다.

감정적 효과: 강한 몰입감, 인물과의 동일시, 주관적 경험.
프롬프트 예시: "Cinematic POV shot from a fighter pilot's perspective, cockpit instruments visible in foreground, aerial dogfight scene, motion blur on edges, lens flares, Top Gun inspired cinematography(전투기 조종사 시점의 영화적 POV 숏, 전경에 보이는 조종석 계기들, 공중 격투 장면, 가장자리의 모션 블러, 렌즈 플레어, 탑건에서 영감받은 촬영 기법)"

카메라 앵글을 프롬프트에 적용할 때는 단순히 기술적 용어만 사용하기보다, 그 앵글이 전달하고자 하는 감정적, 심리적 효과를 함께 설명하는 것이 좋다. "low angle to emphasize power dynamics(권력 관계를 강조하기 위한 로 앵글)" 또는 "dutch angle to create psychological tension(심리적 긴장감을 조성하기 위한 더치 앵글)"과 같은 표현은 AI가 그 의도를 더 명확히 이해하는 데 도움이 된다.

렌즈 선택과 화각의 프롬프트 활용

카메라 렌즈의 종류와 화각(FOV, Field of View)은 이미지의 원근감, 피사계 심도, 전반적인 시각적 느낌에 큰 영향을 미친다. 다음은 주요 렌즈 유형과 이를 프롬프트에 활용하는 방법이다:

광각 렌즈(Wide Angle Lens, 16-35mm)

특징: 넓은 시야각, 강한 원근감, 공간감 확대, 거리 왜곡.

감정적 효과: 개방감, 환경의 압도적 존재감, 때로는 불안정감이나 왜곡된 현실.

프롬프트 예시: "Cinematic wide angle shot of an ornate cathedral interior, dramatic architectural perspective, expansive space, 16mm lens distortion on edges, inspired by Emmanuel Lubezki's cinematography, spiritual atmosphere(장식이 화려한 대성당 내부의 영화적 광각 숏, 극적인 건축적 원근감, 광활한 공간, 16mm 렌즈의 가장자리 왜곡, 에마뉘엘 루베츠키의 촬영 기법에서 영감을 받은, 영적인 분위기)"

표준 렌즈(Standard/Normal Lens, 35-50mm)

특징: 인간의 자연스러운 시야에 가까운 화각, 최소한의 왜곡.

감정적 효과: 자연스러움, 현실감, 객관적 시점.

프롬프드 예시: "Cinematic shot of a family dinner scene, 50mm prime lens, natural perspective, warm domestic lighting, subtle color grading, slice-of-life storytelling, influenced by Yasujirō Ozu's style(가족 저녁 식사 장면의 영화적 숏, 50mm 프라임 렌즈, 자연스러운 시점, 따뜻한 가정적 조명, 미묘한 색 보정, 일상 스토리텔링, 오즈 야스지로 스타일의 영향을 받은)"

망원 렌즈(Telephoto Lens, 70-200mm)

특징: 좁은 화각, 원근감 압축, 배경 흐림 효과 강화.

감정적 효과: 고립감, 집중도 강화, 피사체 부각.

프롬프트 예시: "Cinematic telephoto shot of a solitary figure on a busy street, 135mm lens compression effect, shallow depth of field, bokeh background of city lights, street photography aesthetic, urban isolation theme(바쁜 거리 위 고독한 인물의 영화적 망원 숏, 135mm 렌즈 압축 효과, 얕은 피사계 심도, 도시 불빛의 보케 배경, 스트리트 포토그래피 미학, 도시적 고립감 테마)"

아나모픽 렌즈(Anamorphic Lens)

특징: 수평 방향으로 이미지를 압축해 와이드스크린 형식 구현, 독특한 렌즈 플레어, 타원형 보케(bokeh).

감정적 효과: 영화적 웅장함, 시각적 스타일, 레트로 영화 감성.

프롬프트 예시: "Cinematic anamorphic widescreen shot of a car chase at night, distinctive horizontal lens flares, oval bokeh lights, 2.39:1 aspect ratio, dramatic contrast, inspired by Michael Mann's films, blue-tinted night aesthetic(밤의 카체이스 영화적 아나모픽 와이드스크린 숏, 독특한 수평 렌즈 플레어, 타원형 보케 조명, 2.39:1 화면비, 극적인 대비, 마이클 만의 영화에서 영감을 받은, 파란 톤의 야간 미학)"

매크로 렌즈(Macro Lens)

특징: 극도로 가까운 거리에서도 초점이 맞는 특수 렌즈, 미세한 디테일 강조.

감정적 효과: 친밀함, 디테일의 아름다움, 평소 보지 못하는 세계의 탐색.

프롬프트 예시: "Cinematic macro shot of dewdrops on a spider's web at dawn, extreme detail, shallow depth of field, soft natural backlighting, natural world documentary style, revealing hidden beauty(새벽 거미줄 위 이슬방울의 영화적 매크로 숏, 극도의 디테일, 얕은 피사계 심도, 부드러운 자연 역광, 자연 세계 다큐멘터리 스타일, 숨겨진 아름다움 발견)"

피시아이 렌즈(Fisheye Lens)

특징: 극도로 넓은 화각(180도 가까이), 강한 원형 왜곡.

감정적 효과: 초현실적 느낌, 공간의 왜곡, 심리적 불안정.

프롬프트 예시: "Cinematic fisheye lens shot of a psychedelic party scene, extreme wide angle distortion, vibrant color saturation, dynamic composition, Terry Gilliam inspired visual style, disorienting perspective (사이키델릭 파티 장면의 영화적 피시아이 렌즈 숏, 극도의 광각 왜곡, 생생한 색상 채도, 역동적 구성, 테리 길리엄에서 영감받은 시각적 스타일, 혼란스러운 시점)"

렌즈 정보를 프롬프트에 포함할 때는 단순히 기술적 수치보다는 그 렌즈가 만들어 내는 시각적 효과를 함께 설명하는 것이 좋다. "telephoto lens creating compression effect(압축 효과를 만드는 망원 렌즈)" 또는 "wide angle lens to emphasize the vastness of the landscape(풍경의 광활함을 강조하기 위한 광각 렌즈)" 같은 표현은 AI가 의도하는 시각적 스타일을 파악하는 데 도움이 된다.

구도와 구성의 프롬프트 활용

영화적 이미지의 구도는 프레임 내에서 요소들을 어떻게 배치하는지에 관한 것으로, 시각적 균형과 관객의 시선을 유도하는 중요한 요소다. 다음은 주요 구도 원칙과 이를 프롬프트에 활용하는 방법이다:

삼분할 구도(Rule of Thirds)

특징: 프레임을 가로, 세로 각각 3등분해 교차점에 중요 요소를 배치하는 구도.

감정적 효과: 자연스러운 시각적 균형, 동적인 구성.

프롬프트 예시: "Cinematic composition using rule of thirds, mountain landscape with small figure positioned at bottom right intersection point, dramatic clouds, golden hour lighting, environmental storytelling, Terrence Malick inspired visual poetry(삼분할 법

칙을 사용한 영화적 구성, 우측 하단 교차점에 배치된 작은 인물이 있는 산 풍경, 극적인 구름, 골든 아워 조명, 환경적 스토리텔링, 테런스 맬릭에서 영감받은 시각적 시)"

중앙 구도(Centered Composition)

특징: 피사체를 프레임의 정중앙에 배치하는 대칭적 구도.

감정적 효과: 포멀리티, 안정감, 권위, 강조.

프롬프트 예시: "Cinematic perfectly centered composition, symmetrical portrait of a monarch on throne, Wes Anderson inspired precision, formal composition, rich color palette, elaborate production design, meticulous framing(완벽하게 중앙에 배치된 영화적 구성, 왕좌에 앉은 군주의 대칭적 초상, 웨스 앤더슨에서 영감받은 정밀함, 정식 구성, 풍부한 색상 팔레트, 정교한 프로덕션 디자인, 세심한 프레이밍)"

프레이밍(Framing)

특징: 화면 내의 요소(문, 창문, 나뭇가지 등)를 통해 주요 피사체를 프레임 안의 프레임으로 구성.

감정적 효과: 깊이감, 고립감, 관찰 느낌, 맥락 강조.
프롬프트 예시: "Cinematic shot of a character viewed through an ornate archway, frame within a frame composition, dramatic shadows, depth in architecture, voyeuristic perspective, inspired by Carol Reed's The Third Man(장식적인 아치를 통해 본 인물의 영화적 숏, 프레임 안의 프레임 구성, 극적인 그림자, 건축적 깊이, 관음증적 시점, 캐롤 리드의 제3의 사나이에서 영감을 받은)"

리딩 라인(Leading Lines)
특징: 시선을 특정 방향이나 피사체로 유도하는 선(도로, 철로, 강 등)을 활용한 구도.
감정적 효과: 시선 유도, 여정의 느낌, 운명적 방향성.
프롬프트 예시: "Cinematic composition with strong leading lines of an empty highway converging toward distant city lights at dusk, vanishing point perspective, journey narrative, dramatic sky, atmospheric cinematography(황혼의 먼 도시 불빛으로 수렴하는 빈 고속도로의 강한 리딩 라인이 있는 영화적 구성, 소실점 원근법, 여행 서사, 극적인 하늘, 대기적 촬영 기법)"

대각선 구도(Diagonal Composition)

특징: 프레임을 가로지르는 대각선 요소를 활용한 역동적 구도.

감정적 효과: 에너지, 긴장감, 동적인 느낌.

프롬프트 예시: "Cinematic diagonal composition of urban staircase with running figure, dynamic movement, strong contrast between light and shadow, film noir aesthetic, crucial moment in action sequence(달리는 인물이 있는 도시 계단의 영화적 대각선 구성, 역동적 움직임, 명암의 강한 대비, 필름 누아르 미학, 액션 시퀀스의 중요한 순간)"

실루엣(Silhouette)

특징: 피사체를 빛에 대해 어둡게 표현해 윤곽만 드러나는 구도.

감정적 효과: 드라마틱한 대비, 미스터리, 상징성.

프롬프트 예시: "Cinematic silhouette of a cowboy against brilliant sunset, dramatic western horizon, perfect contrast, John Ford inspired composition, iconic imagery, emotional sky, epic scale(찬란한 석양을 배경으로 한 카우보이의 영화적 실루엣, 극적인 서부 지평선,

완벽한 대비, 존 포드에서 영감받은 구성, 상징적 이미지, 감정적인 하늘, 서사적 규모)"

프레임 내 깊이(Depth in Frame)

특징: 전경, 중경, 후경을 모두 활용해 3차원적 깊이감을 만드는 구도.

감정적 효과: 공간감, 현실감, 맥락의 풍부함.

프롬프트 예시: "Cinematic deep focus shot with multiple planes of action - foreground character watching mid-ground interaction against background cityscape, Orson Welles inspired depth composition, rich visual storytelling, environmental context(여러 행동 평면이 있는 영화적 딥 포커스 숏 - 전경 인물이 배경 도시 풍경에 대해 중경 상호작용을 지켜보는, 오슨 웰스에서 영감받은 깊이 구성, 풍부한 시각적 스토리텔링, 환경적 맥락)"

구도를 프롬프트에 적용할 때는 단순히 기술적 용어만 언급하는 것보다, 그 구도가 이야기와 감정에 어떻게 기여하는지 함께 설명하는 것이 효과적이다. "centered composition to emphasize the character's isolation(인물의 고립감을 강조하기 위한 중앙 구성)" 또는 "diagonal composition creating visual tension(시각적 긴장감을 조성하는 대각선 구성)" 같은 표현은 AI가 이미지의 내러티브적 맥락을 이해하는 데 도움이 된다.

조명과 색상의 프롬프트 활용

영화에서 조명과 색상은 단순히 시각적 요소를 넘어 감정과 분위기를 전달하는 핵심 요소다. 다음은 주요 조명 스타일과 색상 기법, 그리고 이를 프롬프트에 활용하는 방법이다.

하이키 조명(High-Key Lighting)

특징: 밝고 균일한 조명, 그림자 최소화, 높은 밝기와 낮은 대비.

감정적 효과: 낙관적, 가벼운 분위기, 코미디나 로맨스 장르에 적합.

프롬프트 예시: "Cinematic high-key lighting of a cheerful family reunion scene, bright and even illumination, minimal shadows, optimistic mood, colorful and vibrant palette, commercial film look(즐거운 가족 재회 장면의 영화적 하이키 조명, 밝고 균일한 조명, 최소한의

그림자, 낙관적 분위기, 다채롭고 생생한 팔레트, 상업 영화 룩)"

로키 조명(Low-Key Lighting)

특징: 어두운 톤, 강한 그림자, 높은 대비.
감정적 효과: 신비로움, 긴장감, 드라마, 느와르 분위기.
프롬프트 예시: "Cinematic low-key lighting in detective's office, dramatic shadows, high contrast, film noir style, single source light creating dramatic facial highlights, mysterious atmosphere, 1940s aesthetic(형사 사무실의 영화적 로키 조명, 극적인 그림자, 높은 대비, 필름 누아르 스타일, 극적인 얼굴 하이라이트를 만드는 단일 광원, 신비로운 분위기, 1940년대 미학)"

렘브란트 조명(Rembrandt Lighting)

특징: 얼굴 한쪽에 삼각형 모양의 빛이 생기는 특징적 인물 조명.
감정적 효과: 드라마틱, 고전적, 심리적 깊이.
프롬프트 예시: "Cinematic portrait with Rembrandt lighting on contemplative character, classic triangular light pattern on cheek, dramatic shadow contrast,

painterly aesthetic, psychological depth, character study(사색적인 인물의 렘브란트 조명이 있는 영화적 초상, 뺨의 클래식한 삼각형 빛 패턴, 극적인 그림자 대비, 회화적 미학, 심리적 깊이, 캐릭터 스터디)"

실루엣 조명(Silhouette Lighting)

특징: 피사체 뒤에서 빛을 비춰 앞면은 어둡고 윤곽만 보이게 하는 조명.

감정적 효과: 드라마틱, 미스터리, 상징적.

프롬프트 예시: "Cinematic silhouette of a detective against neon-lit window, complete darkness of figure against bright background, noir thriller mood, urban night aesthetic(네온 조명 창문을 배경으로 한 형사의 영화적 실루엣, 밝은 배경에 대한 인물의 완전한 어둠, 누아르 스릴러 분위기, 도시 야간 미학)"

컬러 그레이딩 기법

틸-오렌지(Teal and Orange)

특징: 청록색(틸)과 주황색의 보색 대비를 활용한 현대 영화의 일반적인 색상 팔레트.

프롬프트 예시: "Cinematic teal and orange color grading, beach sunset scene, complementary color contrast between warm skin tones and cool shadows, blockbuster film look, Michael Bay aesthetic(틸-오렌지 컬러 그레이딩의 영화적, 해변 석양 장면, 따뜻한 피부 톤과 차가운 그림자 간의 보색 대비, 블록버스터 영화 룩, 마이클 베이 미학)"

블루 틴트(Blue Tint)
특징: 차가운 파란색 색조로 씬을 덮는 기법으로 흔히 밤이나 미래, 기술적 장면에 사용.
프롬프트 예시: "Cinematic blue-tinted night scene in cyberpunk city, cool color palette, neon accents, Matrix-inspired color grading, futuristic atmosphere, digital rain effect(사이버펑크 도시의 영화적 블루 틴트 야간 장면, 차가운 색상 팔레트, 네온 악센트, 매트릭스에서 영감받은 색 보정, 미래적 분위기, 디지털 레인 효과)"

데저트 옐로(Desert Yellow)
특징: 황토색, 갈색 계열의 따뜻한 색조로 주로 서부극이나 사막 장면에 사용.

프롬프트 예시: "Cinematic desert yellow color grading, dusty western frontier town, golden hour warmth, sepia-toned nostalgia, heat-soaked atmosphere, inspired by Sergio Leone films(먼지 투성이 서부 개척 마을의 영화적 데저트 옐로 컬러 그레이딩, 골든 아워의 따뜻함, 세피아 톤의 향수, 열기에 젖은 분위기, 세르조 레오네 영화에서 영감을 받은)"

블리치 바이패스(Bleach Bypass)
특징: 채도는 낮지만 대비는 높은 은빛 메탈릭 룩.
프롬프트 예시: "Cinematic bleach bypass look, war scene with desaturated colors but high contrast, silver metallic highlights, gritty realism, Saving Private Ryan inspired color processing(채도는 낮지만 높은 대비의 영화적 블리치 바이패스 룩, 전쟁 장면, 은빛 메탈릭 하이라이트, 거친 현실감, 라이언 일병 구하기에서 영감받은 색상 처리)"

조명과 색상 정보를 프롬프트에 포함할 때는 기술적 용어 외에도 그것이 만들어 내는 감정적 효과와 참조할 수 있는 영화나 감독의 스타일을 함께 언급하는 것이 효과적이다. "low-key lighting creating suspense(서스펜스를 조성하는 로키 조명)" 또는 "warm color palette inspired by Amelie(아멜리에에서 영감받은 따뜻한 색상 팔레트)" 같은 표현은 AI가 의도하는 분위기를 더 정확히 파악하는 데 도움이 된다.

감정과 표정의 프롬프트 활용

영화에서 인물의 감정과 표정은 관객과의 정서적 연결을 만드는 중요한 요소다. AI 이미지 생성에서 인물의 감정을 효과적으로 표현하기 위한 프롬프트 전략을 알아보자.

기본 감정 표현

기쁨, 슬픔, 분노, 공포, 혐오, 놀람, 경멸 같은 기본 감정은 다음과 같이 구체적으로 묘사될 수 있다:

기쁨: "Cinematic portrait of character with genuine joy, crinkled eyes, warm smile, natural happiness, warm lighting enhancing positive emotion, authentic expression(진정한 기쁨이 있는 인물의 영화적 초상, 주름진 눈, 따뜻한 미소, 자연스러운 행복, 긍정적 감정을 향

상하는 따뜻한 조명, 진정한 표현)"

슬픔: "Cinematic close-up of profound sadness, glistening tearful eyes, downturned mouth, emotional vulnerability, soft lighting emphasizing melancholy, intimate framing(깊은 슬픔의 영화적 클로즈업, 반짝이는 눈물 어린 눈, 아래로 향한 입, 감정적 취약성, 우울함을 강조하는 부드러운 조명, 친밀한 프레이밍)"

분노: "Cinematic portrait of intense anger, furrowed brow, tightened jaw, flushed complexion, dramatic side lighting emphasizing facial tension, powerful emotional performance(강렬한 분노의 영화적 초상, 찌푸린 이마, 꽉 다문 턱, 상기된 안색, 얼굴 긴장을 강조하는 극적인 사이드 조명, 강력한 감정적 연기)"

공포: "Cinematic shot of primal fear, wide eyes, parted lips, pale complexion, harsh shadows accentuating terrified expression, horror film aesthetic(원시적 공포의 영화적 숏, 큰 눈, 벌어진 입술, 창백한 안색, 공포에 질린 표정을 강조하는 거친 그림자, 호러 영화 미학)"

복합 감정과 미묘한 표현

더 복잡하고 미묘한 감정 상태는 다음과 같이 표현할 수 있다.

향수/그리움: "Cinematic portrait of bittersweet nostalgia, distant gaze, slight melancholic smile, soft golden-hour lighting, contemplative mood, emotional depth(씁쓸한 향수의 영화적 초상, 먼 시선, 약간의 우울한 미소, 부드러운 골든 아워 조명, 사색적 분위기, 감정적 깊이)"
불안/걱정: "Cinematic close-up of anxiety, slightly darting eyes, tension in forehead, nervous lip biting, shallow breathing visible, psychological thriller aesthetic(불안의 영화적 클로즈업, 약간 움직이는 눈, 이마의 긴장감, 신경질적인 입술 깨물기, 보이는 얕은 호흡, 심리 스릴러 미학)"
결의/단호함: "Cinematic portrait of determination, steely gaze, set jaw, composed yet intense expression, directional lighting creating dramatic shadows, powerful character moment(결의의 영화적 초상, 강철 같은 시선, 다부진 턱, 침착하지만 강렬한 표현, 극적인 그림자를 만드는 방향성 조명, 강력한 캐릭터 순간)"
후회/자책: "Cinematic character study of regret, down-

cast eyes, slumped posture, hand touching forehead, muted color palette, emotional weight visible in expression(후회의 영화적 캐릭터 스터디, 아래로 향한 눈, 구부정한 자세, 이마에 손을 대는, 음침한 색상 팔레트, 표정에서 보이는 감정적 무게)"

인물의 감정을 프롬프트에 포함할 때는 단순히 감정 이름만 언급하는 것보다 그 감정이 어떻게 물리적으로 표현되는지 구체적으로 설명하는 것이 효과적이다. 얼굴의 특정 부분(눈, 입, 눈썹 등)이 어떻게 변화하는지, 그리고 그 감정과 어울리는 조명과 색상은 무엇인지 함께 언급하면 더 정확한 결과를 얻을 수 있다.

영화적 프롬프트 구성의 실제 예시

이제 지금까지 배운 요소들을 통합해 완전한 영화적 프롬프트를 구성해 보자. 다음은 다양한 영화 장면 유형에 따른 효과적인 프롬프트 구성 예시다:

드라마틱한 대화 장면

Cinematic medium over-the-shoulder shot of an intense confrontation between two business rivals in a high-rise office, low-key lighting creating dramatic shadows, blue-tinted corporate color palette, shallow depth of field with 50mm lens, rain-streaked windows in background, tense facial expressions showing contained anger, inspired by Succession's visual style, high-end production value, emotional storytelling moment, 8K detail, ARRI Alexa camera(고층 사무실에서 두 사업 라이벌 간의 강렬한 대립의 영화적 미디엄 오버 더 숄더 숏, 극적인 그림자를 만드는 로키 조명, 블루 틴트 색상 팔레트, 50mm 렌즈의 얕은 피사계 심도, 배경의 빗방울 흘러내리는 창문, 억눌린 분노를 보여 주는 긴장된 얼굴 표정, 석세션의 시각적 스타일에서 영감을 받은, 고급 프로덕션 가치, 감정적 스토리텔링 순간, 8K 디테일, ARRI 알렉사 카메라)

위 프롬프트는 다음 요소들을 포함하고 있다:

숏 유형: medium over-the-shoulder(미디엄 오버더 숄더 숏)
콘텍스트: business rivals, high-rise office(사업 라이벌, 고층 사무실)
조명: low-key lighting with dramatic shadows(극적인 명

암 차의 로키 라이팅)

색싱: blue-tinted corporate palette(블루 틴트 색상)

렌즈/심도: shallow depth of field, 50mm lens(50mm 렌즈의 얕은 심도)

환경 요소: rain-streaked windows(빗물이 흐르는 창)

감정: tense expressions, contained anger(억눌린 분노를 보여 주는 긴장된 얼굴 표정)

참조: Succession's visual style(석세션의 시각적 스타일)

품질: high-end production value, 8K, ARRI Alexa(8k 디테일의 아리 알렉사 카메라)

액션 시퀀스

Cinematic wide angle action shot of a martial artist mid-leap between rooftops at night, dynamic dutch angle creating tension, anamorphic lens with horizontal lens flares, cyberpunk city lights in background creating depth, high contrast with neon purple and teal accents, silhouette effect against urban skyline, motion blur suggesting speed, inspired by John Wick cinematography, dramatic moment frozen in time, film grain, ultra-detailed, shot on RED camera(밤에 옥상 간을 뛰어넘는 무술가의 영화적 광각 액

션 숏, 긴장감을 조성하는 역동적 더치 앵글, 수평 렌즈 플레어가 있는 아나모픽 렌즈, 깊이를 만드는 배경의 사이버펑크 도시 불빛, 네온 퍼플과 틸 악센트의 높은 대비, 도시 스카이라인에 대한 실루엣 효과, 속도를 암시하는 모션 블러, 존 윅 촬영 기법에서 영감을 받은, 시간에 얼어붙은 극적 순간, 필름 그레인, 초정밀, RED 카메라로 촬영)

위 프롬프트는 다음 요소들을 통합한다:

숏 유형: wide angle action shot(와이드 앵글 숏)
카메라 앵글: dynamic dutch angle(극적 더치 앵글)
렌즈: anamorphic with lens flares(아마모픽 렌즈 플레어)
주제/행동: martial artist mid-leap between rooftops(옥상 간을 뛰어넘는 무술가)
시간/조명: night, high contrast(높은 대비의 밤)
색상: neon purple and teal accents(네온 퍼플과 틸 엑센트)
특수 효과: silhouette effect, motion blur(실루엣 효과와 모션 블러)
참조: John Wick cinematography(존 윅 촬영 방식)
품질 지시자: film grain, ultra-detailed, RED camera(필름 그레인의 레드 카메라로 촬영한 초정밀)

감성적인 캐릭터 스터디

Cinematic extreme close-up of elderly hands holding a weathered photograph, shallow depth of field with 85mm portrait lens, soft nostalgic lighting with golden hour warmth, subtle hand tremor visible, wedding ring prominent, desaturated color palette with emphasis on textures and fine details, natural film grain, emotional storytelling, Deakinesque cinematography, contemplative mood, kodak film stock look, intimate human moment(바랜 사진을 들고 있는 노인의 손의 영화적 익스트림 클로즈업, 85mm 인물 렌즈의 얕은 피사계 심도, 골든 아워의 따뜻함이 있는 부드러운 향수적 조명, 보이는 미묘한 손 떨림, 두드러진 결혼반지, 질감과 세밀한 디테일을 강조하는 채도 낮은 색상 팔레트, 자연스러운 필름 그레인, 감정적 스토리텔링, 디킨스풍 촬영 기법, 사색적 분위기, 코닥 필름 스톡 룩, 친밀한 인간적 순간)

이 프롬프트는 다음 요소들에 초점을 맞춘다.

숏 유형: extreme close-up(익스트림 클로즈업)

주제: elderly hands holding weathered photograph(바랜

사진을 들고 있는 노인의 손)

렌즈: 85mm portrait lens with shallow depth of field(85m 인물 렌즈의 얇은 피사계 심도)

조명: soft nostalgic lighting, golden hour warmth(골든 아워의 따뜻한 빛)

디테일: subtle hand tremor, wedding ring(미묘한 손 떨림과 결혼 반지)

색상/질감: desaturated palette, emphasis on textures(세밀한 디테일을 강조하는 채도 낮은 색상 팔레트)

참조: Deakinesque cinematography(디킨스풍 촬영 기법)

감정적 맥락: contemplative mood, intimate moment(사색적 분위기)

필름 룩: kodak film stock, natural grain(코닥 필름 스톡 룩)

시간대와 조명 조건의 효과적인 활용

시간대와 자연광 조건은 영화의 분위기와 시각적 스타일에 큰 영향을 미친다. 다음은 주요 시간대와 조명 조건에 대한 효과적인 프롬프트 표현이다.

골든아워(Golden Hour)

특징: 일출 또는 일몰 직전/직후의 따뜻하고 부드러운

황금빛 조명.

감정적 효과: 따뜻함, 낭만적, 향수, 희망.

프롬프트 예시: "Cinematic golden hour lighting on couple walking along beach, warm amber glow, long shadows, Terrence Malick inspired natural beauty, backlit silhouettes, emotional warmth, magical atmosphere, dreamlike quality(해변을 걸어가는 커플의 영화적 골든 아워 조명, 따뜻한 호박색 빛, 긴 그림자, 테런스 맬릭에서 영감받은 자연적 아름다움, 역광 실루엣, 감정적 따뜻함, 마법적 분위기, 꿈같은 품질)"

블루 아워(Blue Hour)

특징: 해가 지평선 아래로 내려간 직후의 짧은 시간, 푸른 색조의 부드러운 빛.

감정적 효과: 평온함, 신비로움, 전환의 시간.

프롬프트 예시: "Cinematic blue hour cityscape, twilight urban scene, deep blue atmospheric glow, city lights just coming on, transitional moment, peaceful yet mysterious quality, Michael Mann inspired urban poetry(영화적 블루 아워 도시 풍경, 황혼 도시 장면, 깊은 파란색 대기적 빛, 막 켜지기 시작하는 도시 불빛, 전

환의 순간, 평화롭지만 신비로운 품질, 마이클 만에서 영감받은 도시적 시)"

한낮의 강한 햇빛(Harsh Midday Sun)

특징: 강렬한 직사광선, 선명한 그림자, 높은 대비.

감정적 효과: 긴장감, 불편함, 현실적 날것의 느낌.

프롬프트 예시: "Cinematic harsh midday lighting in desert setting, extreme contrast between light and shadow, no filter look, documentary realism, bleached color palette, heat-soaked atmosphere, inspired by Breaking Bad's New Mexico scenes(사막 환경의 영화적 강한 한낮 조명, 명암의 극도 대비, 필터 없는 룩, 다큐멘터리 현실감, 표백된 색상 팔레트, 열기에 젖은 분위기, 브레이킹 배드의 뉴멕시코 장면에서 영감을 받은)"

밤/야간 조명(Night Lighting)

특징: 인공 광원에 의존한 어두운 배경, 특정 광원에 의한 강조.

감정적 효과: 신비로움, 위험, 도시적 고립감.

프롬프트 예시: "Cinematic night scene in rain-soaked Tokyo alley, neon signs reflecting in puddles, cyberpunk aesthetic, selective pool of street light illuminating character, deep shadows, Blade Runner inspired urban isolation, high contrast noir mood(비에 젖은 도쿄 골목의 영화적 야간 장면, 웅덩이에 반사되는 네온사인, 사이버펑크 미학, 인물을 비추는 선택적 가로등 조명 풀, 깊은 그림자, 블레이드 러너에서 영감받은 도시적 고립감, 높은 대비 누아르 분위기)"

창문을 통한 빛(Window Light)

특징: 실내로 들어오는 자연광, 분위기 있는 광선과 그림자 패턴.

감정적 효과: 내밀함, 고요함, 사색적 분위기.

프롬프트 예시: "Cinematic shot of character illuminated by dramatic window light in dusty room, strong light beams cutting through darkness, floating dust particles visible, Vermeer-like quality, contemplative mood, chiaroscuro effect, natural interior portrait(먼지 투성이 방에서 극적인 창문 빛으로 비친 인물의 영화적 숏, 어둠을 가르는 강한 광선, 보이는 떠다니는 먼지 입자, 베르메르 같은 품질, 사색적 분위기, 키아로스쿠로 효과, 자연스러운 실내 초상)"

참조 스타일과 영화적 미학의 활용

특정 감독, 영화, 또는 시각적 스타일을 참조하는 것은 AI가 원하는 영화적 미학을 파악하는 데 큰 도움이 된다. 다음은 자주 참조되는 영화적 스타일과 이를 프롬프트에 활용하는 방법이다.

감독 스타일 참조

스탠리 큐브릭 스타일: "Kubrickian symmetrical composition, one-point perspective, wide angle lens distortion, meticulous framing, cold color palette, psychological tension(큐브릭풍 대칭적 구성, 일점 원근법, 광각 렌즈 왜곡, 세심한 프레이밍, 차가운 색상 팔레트, 심리적 긴장감)"

웨스 앤더슨 스타일: "Wes Anderson style, perfect symmetry, pastel color palette, whimsical production design, flat frontal composition, quirky character framing(웨스 앤더슨 스타일, 완벽한 대칭, 파스텔 색상 팔레트, 기발한 프로덕션 디자인, 평면적인 정면 구성, 기발한 캐릭터 프레이밍)"

크리스토퍼 놀런 스타일: "Nolanesque practical effects, IMAX-quality epic scale, muted color palette, architectural precision, complex narrative moment(놀런풍 실용적 효과, IMAX 품질 서사적 규모, 음침한 색상 팔레트, 건축적 정밀함, 복잡한 서사적 순간)"

시네마토그래퍼(촬영 감독) 참조

로저 디킨스 스타일: "Deakinesque cinematography, naturalistic lighting with dramatic silhouettes, precise shadow work, controlled color palette, environmental storytelling(디킨스풍 촬영 기법, 극적인 실루엣이 있는 자연주의적 조명, 정밀한 그림자 작업, 통제된 색상 팔레트, 환경적 스토리텔링)"

에마뉘엘 루베츠키 스타일: "Lubezki-inspired natural lighting, extended fluid movement, wide angle intimacy, spiritual connection to nature, immersive perspective(루베츠키에서 영감받은 자연스러운 조명, 확장된 유체 움직임, 광각 친밀감, 자연과의 영적 연결, 몰입적 시점)"

영화 장르/시대 참조

필름 누아르: "Classic film noir lighting, high contrast black and white, dramatic shadows, venetian blind patterns, femme fatale aesthetic, 1940s crime drama look(클래식 필름 누아르 조명, 높은 대비 흑백, 극적인 그림자, 베네치안 블라인드 패턴, 팜파탈 미학, 1940년대 범죄 드라마 룩)"

프렌치 뉴웨이브: "French New Wave aesthetic, documentary-like spontaneity, location shooting feel, jump cut energy, black and white with film grain, 1960s Parisian style(프렌치 뉴웨이브 미학, 다큐멘터리 같은 자발성, 로케이션 촬영 느낌, 점프 컷 에너지, 필름 그레인이 있는 흑백, 1960년대 파리 스타일)"

70년대 할리우드: "1970s Hollywood thriller aesthetic, grainy film stock, desaturated color palette, zoom lens effect, gritty realism, vintage American cinema look(1970년대 할리우드 스릴러 미학, 거친 필름 스톡, 채도 낮은 색상 팔레트, 줌 렌즈 효과, 거친 현실감, 빈티지 미국 영화 룩)"

참조 스타일을 프롬프트에 포함할 때는 단순히 감독이나 영화 이름만 언급하기보다는, 그 스타일의 구체적인 시각적 특징을 함께 설명하는 것이 효과적이다. 예를 들어, "Wes Anderson style(웨스 앤더슨 스타일)"보다는

"Wes Anderson style with perfect symmetrical composition, pastel color palette, and meticulous production design(완벽한 구도의 웨스 앤더슨 스타일, 파스텔 컬러 톤과 프로덕션 디자인)"과 같이 구체적으로 표현하는 것이 더 좋은 결과를 얻을 수 있다.

품질과 기술적 세부 사항을 위한 프롬프트

마지막으로, 이미지의 전반적인 품질과 기술적 특성을 향상하기 위한 프롬프트 요소들을 살펴보자.

해상도와 디테일

"8K resolution, ultra-detailed, photorealistic detail(8K 해상도, 초정밀, 사실적 디테일)"
"Cinematic quality, professional photography, high-definition(영화적 품질, 전문 사진 촬영, 고화질)"
"Extreme detail in textures, razor-sharp focus(질감의 극도 디테일, 면도날처럼 날카로운 초점)"

카메라와 장비 참조

"Shot on ARRI Alexa camera(ARRI 알렉사 카메라로 촬영)"

"Captured with Hasselblad medium format(하셀블라드 중형 포맷으로 캡처)"
"RED camera cinematic quality(RED 카메라 영화적 품질)"

필름 스톡과 처리
"Kodak Portra 400 film stock aesthetic(코닥 포트라 400 필름 스톡 미학)"
"35mm film grain, analog photography feel(35mm 필름 그레인, 아날로그 사진 느낌)"
"IMAX 70mm film quality(IMAX 70mm 필름 품질)"

렌더링 품질

"Professional color grading, post-production finesse (전문적인 색 보정, 포스트 프로덕션 정교함)"
"Award-winning cinematography, festival quality film still(수상 경력의 촬영 기법, 페스티벌 품질 영화 스틸)"
"VFX seamless integration, high-production value(VFX 완벽한 통합, 고급 프로덕션 가치)"

이러한 품질 지시자들은 프롬프트의 마지막 부분에 추

가하는 것이 일반적이다. 하지만 지나치게 많은 품질 용어를 나열하는 것보다는, 특정 영화나 시각적 스타일과 가장 관련 있는 몇 가지 품질 요소에 집중하는 것이 더 효과적이다.

영화적 프롬프트 작성을 위한 최종 체크리스트

효과적인 영화적 프롬프트를 작성하기 위한 최종 체크리스트는 다음과 같다.

핵심 영화 용어로 시작하기: "Cinematic(영화적)", "Film still(영화 스틸숏)", "Movie scene(영화 장면)" 등의 용어로 시작.

숏 타입과 카메라 정보 명시하기: 예) "Medium close-up shot with 50mm lens(50mm 렌즈로 촬영된 미디엄 클로즈업 숏)"

인물과 행동 묘사하기: 예) "Detective examining evidence with focused expression(집중된 표정으로 증거를 조사하는 형사)"

조명과 색상 톤 지정하기: 예) "Low-key noir lighting with blue-tinted shadows(블루 틴트 그림자가 있는 로키 누아르 조명)"

시간과 환경 정보 추가하기: 예) "Rainy night in abandoned warehouse(버려진 창고의 비 오는 밤)"
감정과 분위기 표현하기: 예) "Tense atmosphere, psychological suspense(긴장된 분위기, 심리적 서스펜스)"
참조 스타일이나 감독 언급하기: 예) "Inspired by David Fincher's visual style"(데이비드 린치의 영향을 받은 시각적 스타일)
기술적 품질 요소 추가하기: 예) "Shot on ARRI Alexa, cinematic color grading(아리 알렉사로 촬영, 영화적 색 보정)"
프롬프트 길이 조절하기: 너무 짧거나 지나치게 길지 않게, 가장 중요한 요소들에 집중.
모순되는 요소 제거하기: 상충되는 스타일이나 요소가 없는지 확인.

효과적인 AI 영화 이미지 생성은 기술적 용어의 단순한 나열이 아니라, 영화적 언어와 시각적 문법을 이해하고 이를 명확한 프롬프트로 표현하는 능력에 달려 있다. 숏 사이즈, 구도, 화각, 카메라 위치, 조명, 색상, 감정 표현에 이르기까지, 이 장에서 다룬 다양한 요소들은 AI에게 당신의 창작적 비전을 정확히 전달하기 위한 필수 요소다.

영화 제작의 시각적 문법을 프롬프트로 변환하는 과정은 단순한 기술적 작업이 아니라, 창의적인 커뮤니케이션이다. 가장 효과적인 프롬프트는 단순히 "무엇을" 보여 줄지만 아니라, "어떻게" 그리고 "왜" 그렇게 보여 주는지에 대한 의도까지 담고 있다.

AI 이미지 생성 기술은 계속해서 발전하고 있으며, 이에 따라 프롬프트 작성 기법도 함께 진화할 것이다. 그러나 영화적 표현의 근본 원칙은 시간이 지나도 변하지 않는다. 시네마토그래피, 구도, 조명, 시각적 스토리텔링에 대한 깊은 이해는 어떤 AI 도구를 사용하든 항상 가치 있는 기술로 남을 것이다.

소개한 기법들을 마스터하고, 자신만의 창의적 비전을 실현하기 위해 계속해서 실험하고 발전시켜 나가길 바란다. 영화적 AI 이미지 생성의 진정한 힘은 기술 자체가 아니라, 그것을 활용하는 창작자의 독창적인 시각과 이야기에 있다.

04
AI 시나리오 작성과 스토리텔링

AI를 활용한 효과적인 스토리텔링은 1인 영화 제작의 핵심 기반이다. 단편 영화는 제한된 시간 안에 강렬한 감정과 메시지를 전달해야 하는 독특한 형식으로, AI는 이 과정에서 창의적 협력자 역할을 할 수 있다. AI를 활용해 매력적인 캐릭터를 개발하고, 효과적인 내러티브 구조를 구축하며, 영화적 언어를 통해 이야기를 시각화하는 방법을 탐구한다. 인간의 창의적 직관과 AI의 패턴 인식 능력이 만나 단편 영화 스토리텔링의 새로운 가능성을 열어 가는 과정을 살펴보자.

AI와 사주?

AI를 활용한 1인 영화 제작 시나리오 작성법

AI를 활용한 효과적인 스토리텔링은 1인 영화 제작의 핵심 기반이다. 단편 영화는 제한된 시간 안에 강렬한 감정과 메시지를 전달해야 하는 독특한 형식으로, AI는 이 과정에서 창의적 협력자 역할을 할 수 있다. 이 장에서는 AI를 활용해 매력적인 캐릭터를 개발하고, 효과적인 내러티브 구조를 구축하며, 영화적 언어를 통해 이야기를 시각화하는 방법을 탐구한다. 인간의 창의적 직관과 AI의 패턴 인식 능력이 만나 단편 영화 스토리텔링의 새로운 가능성을 열어 가는 과정을 살펴보자.

AI와 함께하는 시나리오 제작의 기본 이해

1인 제작자의 도전과 AI의 역할

1인 영화 제작자는 감독, 작가, 편집자, 때로는 배우까지 모든 역할을 혼자 감당해야 한다. 이러한 상황에서 AI는 단순한 도구가 아닌 창작 파트너로 기능할 수 있다. AI는 아이디어 발굴부터 구체적인 대사 작성까지 창작 과정의 모든 단계에서 도움을 줄 수 있으며, 특히 객관적 시각과 다양한 관점을 제공해 작가가 미처 생각하지 못한 스토리 전개나 캐릭터 설정을 제안한다.

AI를 활용한 시나리오 제작의 핵심은 인간의 감정적 직관과 AI의 논리적 분석력을 균형 있게 조합하는 것이다. AI는 방대한 데이터를 기반으로 패턴을 인식하고, 구조적으로 완성도 높은 스토리를 제안할 수 있지만, 진정한 감정의 깊이와 개인적 경험에서 우러나오는 진실성은 여전히 인간 작가의 몫이다.

AI 시나리오 제작의 3단계 접근법

1단계: 아이디어 확장과 개념 정립. AI에게 기본 아이디어나 테마를 제시하고, 다양한 각도에서 확장해 달라고 요청한다. 예를 들어 "외로움"이라는 테마를 제시하면, AI는 현대 도시인의 고립감, 기술 발달과 인간관계의 역설, 노년층의 사회적 단절 등 다양한 관점을 제공할 수 있다.

2단계: 구조화와 플롯 구성. 확장된 아이디어를 바탕으로 AI와 함께 3막 구조나 영웅의 여정 같은 검증된 스토리텔링 프레임워크를 적용한다. AI는 플롯의 논리적 일관성을 점검하고, 갈등의 강도나 클라이맥스의 위치 등을 최적화하는 데 도움을 준다.

3단계: 세부화와 대사 완성. 골격이 완성되면 AI와 함께 장면별 세부 사항과 캐릭터의 대사를 다듬는다. 이 과정에서 AI는 각 캐릭터의 고유한 말투나 성격을 일관되게 유지하도록 도와주며, 자연스러운 대화의 흐름을 만드는 데 기여한다.

AI를 활용한 캐릭터 개발

다층적 캐릭터 프로파일 구축

AI를 활용한 캐릭터 개발은 단순한 외형 묘사를 넘어 심리적 깊이와 복합성을 갖춘 인물을 만드는 과정이다. AI에게 캐릭터의 기본 정보를 제공하고 점진적으로 세부사항을 확장해 나가는 방식이 효과적이다.

먼저 캐릭터의 핵심 갈등을 정의한다. "30대 중반의 회사원이 꿈과 현실 사이에서 갈등한다"는 기본 설정에서 시작해, AI에게 이 캐릭터의 구체적인 직업, 가족 관계, 과거 경험, 현재의 고민 등을 세분화해 달라고 요청한다. AI는 통계적 데이터와 사회적 맥락을 고려해 현실적이면서도 흥미로운 배경 스토리를 제안할 수 있다.

캐릭터 아크와 변화 설계

단편 영화에서 캐릭터의 변화는 미묘하지만 명확해야 한다. AI는 캐릭터의 내적 여정(Character arc)을 논리적으로 설계하는 데 탁월한 능력을 보인다. 캐릭터의 초기 상태, 촉발 사건, 중간 갈등, 깨달음의 순간, 최종 변화까지의 과정을 단계별로 구성하도록 AI에게 요청할 수 있다.

예를 들어, 소통 장애가 있는 캐릭터라면 AI는 이 장애의 원인, 일상생활에서의 구체적 어려움, 변화의 계기가 될 만한 사건들을 제안하고, 마지막에는 작은 변화라도 의미 있는 성장을 보여 줄 수 있는 결말을 설계할 수 있다.

대화와 행동의 일관성 유지

AI는 캐릭터별 고유한 언어 패턴을 학습하고 일관되게 적용하는 데 뛰어나다. 각 캐릭터에게 특정한 말투, 어휘 선택, 대화 방식을 부여하고, AI가 이를 기억해 모든 대사에 반영하도록 할 수 있다. 또한 캐릭터의 행동 패턴도 마찬가지로 일관성을 유지하도록 AI의 도움을 받을 수 있다.

효과적인 내러티브 구조 구축

단편 영화 특화 구조 설계

단편 영화는 장편과는 다른 접근이 필요하다. 제한된 시간 안에 완결된 이야기를 전달해야 하므로, 불필요한 서브플롯이나 복잡한 배경 설명은 과감히 생략해야 한다. AI는 이런 압축적 스토리텔링에 매우 유용한 도구가 된다.

AI에게 전체 러닝 타임을 제시하고, 각 장면의 길이와 기능을 최적화하도록 요청할 수 있다. 예를 들어 10분 단편이라면, 설정 제시 2분, 갈등 발전 4분, 클라이맥스 2분, 해결 2분 정도의 배분을 제안받고, 이를 바탕으로 세부 장면을 구성할 수 있다.

갈등의 층위와 강도 조절

AI는 갈등의 종류와 강도를 체계적으로 분석하고 조절하는 데 도움을 준다. 외적 갈등과 내적 갈등의 균형, 갈등의 점진적 증폭, 해결 방식의 논리성 등을 검토해 스토리의 완성도를 높일 수 있다.

특히 1인 제작 환경에서는 복잡한 액션 시퀀스나 대규모 세트가 필요한 갈등보다는 심리적, 관계적 갈등에 집중하는 것이 현실적이다. AI는 제한된 제작 환경에서도 강렬한 드라마를 만들 수 있는 갈등 구조를 제안할 수 있다.

반전과 클라이맥스의 설계

효과적인 반전은 관객의 예상을 뒤엎으면서도 이야기의 논리에는 부합해야 한다. AI는 기존 정보를 재해석할 수 있는 새로운 정보의 도입 시점과 방법을 제안할 수 있다. 또한 복선의 배치와 회수 과정을 체계적으로 관리해 반전이 갑작스럽지 않으면서도 충격적일 수 있도록 도와준다.

클라이맥스는 모든 갈등이 집약되는 지점이므로, AI와 함께 감정적 강도, 시각적 임팩트, 메시지 전달력을 종합적으로 검토해 최적의 형태로 설계할 수 있다.

영화적 언어와 시각화

시나리오에서 영상 언어로의 전환

시나리오는 문학이 아닌 영상 제작을 위한 설계도다. AI는 서술적 텍스트를 구체적인 영상 언어로 변환하는 과정에서 큰 도움이 된다. 감정 상태를 표현하는 카메라 앵글, 분위기를 조성하는 조명 설정, 상징적 의미를 담은 소품 배치 등을 AI와 함께 구체화할 수 있다.

예를 들어 "주인공이 절망감을 느낀다"는 상황을 AI에게 제시하면, 저각도 촬영을 통한 압박감 연출, 차가운 색조의 조명, 좁은 공간에서의 클로즈업 등 구체적인 영상 기법을 제안받을 수 있다.

제작 환경을 고려한 현실적 연출

1인 제작자는 장비와 인력의 제약이 크므로, AI에게 제작 환경의 한계를 명확히 제시하고, 이에 맞는 연출 방법을 요청하는 것이 중요하다. 고정 카메라 위주의 구성, 자연광 활용, 미니멀한 세트 디자인 등 제한된 조건에서도 효과적인 연출이 가능한 방법들을 AI가 제안할 수 있다.

또한 AI는 각 장면의 촬영 난이도를 평가하고, 1인 제작자가 혼자서도 실행 가능한 수준으로 조정하는 데 도움을 줄 수 있다. 복잡한 카메라 워크 대신 편집으로 해결할 수 있는 방법이나, 사운드 디자인으로 시각적 제약을 보완하는 방법 등을 제안 받을 수 있다.

상징과 은유의 활용

단편 영화에서는 직접적 설명보다 상징과 은유를 통한

간접적 표현이 더 효과적일 수 있다. AI는 추상적 개념을 구체적 이미지로 변환하는 데 뛰어난 능력을 보인다.

테마나 감정을 상징할 수 있는 자연 현상, 일상 사물, 색상, 공간 등을 AI가 제안하고, 이를 스토리 전반에 걸쳐 일관되게 활용하는 방법을 함께 모색할 수 있다. 예를 들어 "성장"이라는 테마라면 계절의 변화, 식물의 성장, 낡은 것에서 새로운 것으로의 변화 등을 상징적으로 활용하는 방법을 AI가 구체적으로 제안할 수 있다.

실용적 AI 도구와 워크플로

단계별 AI 활용 전략

아이디어 단계: 챗GPT, 클로드(Claude) 같은 대화형 AI를 활용해 브레인스토밍과 콘셉트 개발을 진행한다. "만약에"라는 가정법을 활용한 질문들을 통해 스토리의 가능성을 확장해 나간다.

초고 작성 단계: AI에게 신(scene)별 개요를 제시하고, 초기 대사와 지문을 작성하도록 요청한다. 이때 완벽한 결과물을 기대하기보다는 수정 가능한 초안을 얻는 것이 목표다.

수정 및 다듬기 단계: AI에게 기존 텍스트의 개선점을 요청하거나, 특정 부분의 대안을 제안받는다. 대사의 자연스러움, 장면 전환의 매끄러움, 캐릭터 행동의 개연성 등을 점검한다.

효과적인 프롬프트 작성법

AI와의 협업에서 가장 중요한 것은 명확하고 구체적인 요청이다. 모호한 질문보다는 구체적인 상황과 조건을 제시하는 것이 효과적이다.

> 예시: "재미있는 이야기를 써 줘"(비효과적). → "30대 직장인이 지하철에서 우연히 만난 낯선 사람과의 10분간의 대화를 통해 인생의 새로운 관점을 발견하는 단편 시나리오를 써 줘. 현실적이고 따뜻한 톤으로, 대사 중심의 구성으로 부탁해"(효과적).

또한 AI의 첫 번째 응답을 그대로 사용하기보다는 피드백을 주고받으며 점진적으로 개선해 나가는 과정이 중요하다. "더 구체적으로", "다른 관점에서", "감정적으로 더 깊이" 같은 방향성을 제시하며 협업한다.

저작권과 창작권 관리

AI를 활용한 창작물의 저작권은 복잡한 문제다. 현재로서는 AI가 생성한 내용에 대한 저작권이 명확하지 않으므로, AI의 결과물을 그대로 사용하기보다는 창작의 출발점으로 활용하고 인간 작가가 상당한 수정과 개선을 가하는 것이 안전하다.

또한 AI 활용 사실을 투명하게 공개하는 것이 윤리적이며, 향후 변화할 수 있는 규정에 대비하는 길이기도 하다.

주의 사항과 한계점

AI의 한계 인식

AI는 강력한 도구지만 완벽하지 않다. 특히 문화적 뉘앙스, 개인적 경험의 진정성, 독창적 창의성 등의 영역에서는 여전히 한계가 있다. AI가 제안하는 내용을 무비판적으로 수용하기보다는 작가의 판단력으로 필터링하고 개선하는 과정이 필수다.

또한 AI는 기존 데이터를 기반으로 학습하므로, 혁신적이거나 파격적인 아이디어보다는 안전하고 검증된 패턴을 선호하는 경향이 있다. 진정한 창의성은 여전히 인간 작가의 고유 영역이다.

과도한 의존성 방지

AI를 효과적으로 활용하되 의존하지 않는 균형 감각이 중요하다. AI는 창작의 보조 도구지 대체자가 아니다. 작가 고유의 목소리와 관점을 잃지 않으면서 AI의 장점을 활용하는 지혜가 필요하다.

정기적으로 AI 없이 창작하는 시간을 갖거나, AI가 제안한 방향과 반대되는 선택을 시도해 보는 것도 창작 근육을 유지하는 좋은 방법이다.

지속적인 학습과 발전

AI 기술은 빠르게 발전하고 있으므로, 새로운 도구와 기법을 지속적으로 학습하고 실험하는 자세가 필요하다. 단순히 기존 방식을 AI로 대체하는 것이 아니라, AI와의 협업을 통해 새로운 창작 방법론을 개발해 나가는 것이 미래 지향적 접근이다.

새로운 창작 파트너십의 가능성

AI를 활용한 1인 영화 제작은 기술적 혁신을 넘어 창작 방법론의 근본적 변화를 의미한다. 과거에는 혼자서 감당하기 어려웠던 복잡한 창작 과정을 AI와의 협업을 통해 효율적으로 해결할 수 있게 되었다.

그러나 이 과정에서 가장 중요한 것은 기술에 대한 이해보다는 좋은 이야기에 대한 본질적 이해다. AI는 강력한 도구이지만, 궁극적으로 관객에게 감동을 주는 것은 인간의 진실한 감정과 경험이다. AI를 현명하게 활용하면서도 창작자 고유의 목소리를 잃지 않는 것, 그것이 AI 시대 1인 영화 제작자가 추구해야 할 방향이다.

기술의 발전은 창작의 민주화를 가능하게 한다. 이제 거대한 제작비나 대규모 팀 없이도 개인이 완성도 높은 영화를 만들 수 있는 시대가 되었다. AI는 이러한 변화의 핵심 동력이며, 앞으로 더 많은 창작자들이 자신만의 이야기를 세상에 선보일 수 있는 기회를 제공할 것이다.

05
AI 영상 및 장면 제작 기법

AI 시각적 스토리텔링이 영화 제작의 패러다임을 근본적으로 변화시키고 있다. 전통적인 영화 제작 공정에서 막대한 예산과 인력이 필요했던 비주얼 이펙트와 복잡한 장면 구성이 이제 개인 창작자의 손안에 놓였다. 1인 제작자에게 할리우드 수준의 영상 제작 도구가 열린 이 시대, 기술적 한계를 뛰어넘는 창의적 접근법을 통해 독창적이고 전문적인 작품을 만들어 낼 수 있다. AI 도구의 실무적 활용에서부터 고급 제작 기법까지, 현장에서 바로 적용 가능한 전략들을 다룬다.

AI와 아이돌?

AI 영상 생성의 기본 원리와 도구

TTV(Text-to-Video) 기술의 작동 원리

현재 AI 영상 생성 기술은 주로 확산 모델(Diffusion Model)을 기반으로 작동한다. 텍스트 프롬프트를 입력받아 임베딩 벡터로 변환한 후, 노이즈에서 시작해 점진적으로 영상을 생성하는 방식이다. 이 과정에서 시간적 일관성(Temporal Consistency)을 유지하기 위해 연속된 프레임 간의 관계를 학습한다.

주요 AI 영상 생성 도구 비교

소라(Sora)는 현재 가장 주목받는 도구로, 최대 60초 길이의 고품질 영상을 생성할 수 있다. 특히 물리 법칙을 잘 이해하고 있어 자연스러운 움직임을 구현한다. 하지만 아직 일반 공개되지 않았다는 한계가 있다.

런웨이 젠3(Runway Gen-3)는 상업적으로 가장 안정적인 서비스를 제공한다. 4초에서 10초 길이의 영상을 생성하며, 카메라 컨트롤과 모션 브러시 기능이 뛰어나다. 월 구독제로 운영되며, 크레디트 기반 과금 시스템을 사용한다.

피카 랩스(Pika Labs)는 접근성이 뛰어난 도구로, 디스코드(Discord) 기반 인터페이스를 제공한다. 3초 길이의 영상을 생성하며, 무료 플랜도 제공한다. 초보자에게 추천하는 시작점이다.

루마 드림 머신(Luma Dream Machine)은 빠른 생성 속도와 합리적인 가격으로 주목받고 있다. 5초 영상을 약 2분 만에 생성하며, API 연동이 가능해 워크플로 자동화에 유리하다.

도구 선택 기준

예산이 제한적인 1인 제작자라면 피카 랩스의 무료 플랜으로 시작해 기본기를 익힌 후, 런웨이 젠3로 업그레이드하는 것을 권장한다. 상업적 프로젝트의 경우, 라이선스 조건을 반드시 확인해야 한다.

시스템 요구 사항으로는 최소 16GB 램(RAM), 중급 이상의 그래픽카드가 필요하며, 안정적인 인터넷 연결이 필수다. 클라우드 기반 서비스이므로 로컬 컴퓨팅 파워보다는 네트워크 안정성이 더 중요하다.

비주얼 스타일 개발과 일관성 유지

시각적 아이덴티티 설정

작품 전체의 일관된 비주얼 스타일을 확립하는 것은 AI 영상 제작에서 가장 중요한 요소 중 하나다. 먼저 작품의 장르와 분위기에 맞는 레퍼런스를 수집하고, 이를 바탕으로 핵심 스타일 키워드를 정의해야 한다.

예를 들어, 네오 누아르 장르의 단편을 제작한다면 "cyberpunk aesthetic, neon lighting, rain-soaked streets, high contrast shadows, 80s retro futurism(사이버펑크 미학, 네온 조명, 비에 젖은 거리, 높은 대비의 그림자, 80년대 레트로 퓨처리즘)" 같은 핵심 키워드를 설정한다. 이 키워드들은 모든 프롬프트에 일관되게 포함되어야 한다.

색상 팔레트와 조명 스타일 통일

색상 팔레트는 헥스 코드로 정확히 정의하고, 이를 프롬프트에 반영한다. "color palette: deep blue(#1a237e), electric cyan(#00e5ff), warm amber(#ffb300)(색상 팔레트: 딥 블루(#1a237e), 일렉트릭 시안(#00e5ff), 따뜻한 앰버(#ffb300))"처럼 구체적으로 명시하면 더 일관된

결과를 얻을 수 있다.
조명 스타일의 경우, "cinematic lighting, three-point lighting setup, dramatic side lighting, golden hour warm tones(영화적 조명, 삼점 조명 설정, 극적인 사이드 조명, 골든 아워의 따뜻한 톤)" 등의 표현을 사용해 통일감을 유지한다. 특히 조명의 방향성과 강도를 일관되게 설정하는 것이 중요하다.

캐릭터 디자인의 일관성 확보

주요 캐릭터의 외모를 세밀하게 문서화해야 한다. "30-year-old Asian male, short black hair, angular jawline, wearing dark suit, serious expression(30세 아시아 남성, 짧은 검은 머리, 각진 턱선, 어두운 정장 착용, 진지한 표정)"과 같이 구체적으로 기술한다. 가능하다면 시드 번호(Seed Number)를 기록해 동일한 캐릭터를 재생성할 때 활용한다.

스타일 레퍼런스 구축과 관리

전문적인 스타일 가이드 문서를 작성해 프로젝트 전반에 걸쳐 참조한다. 이 문서에는 핵심 비주얼 키워드, 색상 팔레트, 조명 스타일, 캐릭터 디자인, 환경 설정 등이 포함되어야 한다.

스타일 트랜스퍼 기술을 활용해 기존 작품이나 아티스트의 스타일을 학습시킬 수도 있다. "in the style of Blade Runner 2049(블레이드 러너 2049 스타일의)" 또는 "inspired by Roger Deakins cinematography(로저 디킨스 촬영 기법에서 영감을 받은)" 같은 레퍼런스를 활용하면 더욱 구체적인 결과를 얻을 수 있다.

무드 보드(Mood Board) 제작 시에는 단순히 이미지를 수집하는 것을 넘어 각 이미지에서 추출할 수 있는 구체적인 비주얼 요소들을 문서화해야 한다. 이렇게 정리된 요소들은 프롬프트 작성 시 직접적으로 활용할 수 있는 자료다.

장면 구성과 화면 디자인 기법

영화적 구도와 프레이밍 원칙

AI 영상 생성에서도 전통적인 영화 촬영 기법이 그대로 적용된다. 삼분할 구도를 활용하려면 "subject positioned in left third of frame(프레임의 왼쪽 삼분할 지점에 배치된 피사체)" 또는 "horizon line on lower third (하단 삼분할선에 위치한 수평선)"와 같이 구체적으로 명시한다.

화면 비율 설정도 중요하다. "cinematic widescreen 2.35:1 aspect ratio(영화적 와이드스크린 2.35:1 화면비)"를 지정하면 영화적 느낌을 강화할 수 있고, "vertical 9:16 for mobile viewing(모바일 시청용 세로 9:16)"은 모바일 플랫폼 배포를 고려한 선택이다.

AI를 활용한 카메라 앵글과 움직임 설계

카메라 앵글 지정 시에는 "low angle shot looking up at subject(피사체를 올려다보는 로우 앵글 숏)", "bird's eye view from above(위에서 내려다보는 버즈 아이 뷰)", "dutch angle for tension(긴장감을 위한 더치 앵글)" 등의 전문 용어를 사용한다. 이러한 구체적인 지시는 AI가 의도한 연출을 더 정확히 구현하도록 도와준다.

카메라 움직임의 경우 "slow dolly forward(느린 돌리 전진)", "smooth pan from left to right(왼쪽에서 오른쪽으로의 부드러운 팬)", "circular orbit around subject(피사체 주위의 원형 궤도)"와 같이 표현할 수 있다. 하지만 현재 AI 도구들은 복잡한 카메라 무빙보다는 단순한 움직임에서 더 나은 결과를 보여 준다.

장면 전환과 연결성 확보

연속된 장면 간의 자연스러운 연결을 위해서는 매치 컷(Match Cut) 기법을 활용할 수 있다. 이전 장면의 마지막 프레임과 다음 장면의 첫 프레임 간의 구도나 색상을 유사하게 설정해 시각적 연속성을 확보한다.

컷어웨이(Cutaway) 장면을 삽입할 때는 메인 장면과 동일한 조명과 색감을 유지해야 한다. "maintaining consistent lighting with previous scene(이전 장면과 일관된 조명 유지)" 또는 "same color temperature as establishing shot(설정 숏과 동일한 색 온도)" 같은 지시를 포함한다.

감정과 분위기 전달을 위한 시각적 요소

긴장감을 조성하려면 "dramatic shadows, high contrast lighting, desaturated colors(극적인 그림자, 높은 대비 조명, 채도가 낮은 색상)"를, 평온함을 표현하려면 "soft diffused lighting, warm color palette, gentle depth of field(부드럽게 확산된 조명, 따뜻한 색상 팔레트, 부드러운 피사계 심도)"를 활용한다.

스토리보드 작성 시에는 각 숏의 감정적 목적을 명확히 하고, 이를 시각적 요소로 번역하는 작업이 필요하다.

AI 프롬프트에 감정적 키워드를 포함하면 더욱 효과적인 결과를 얻을 수 있다.

프리비주얼라이제이션 단계에서는 러프한 스케치나 콘셉트 이미지를 먼저 생성하고, 이를 바탕으로 최종 영상을 제작하는 단계적 접근법을 권장한다. 이 과정에서 AI 도구의 이미지 생성 기능을 활용해 다양한 구도와 연출을 실험해 볼 수 있다.

하이브리드 제작 접근법

실제 촬영과 AI 생성의 자연스러운 결합

하이브리드 제작에서 가장 중요한 것은 실촬 푸티지(footage)와 AI 생성 영상 간의 시각적 일치다. 먼저 실제 촬영 시 사용한 카메라, 렌즈, 조명 설정을 정확히 기록하고, 이 정보를 AI 프롬프트에 반영해야 한다.

예를 들어, "shot with 35mm lens, f/2.8, natural lighting, handheld camera movement(35mm 렌즈, f/2.8, 자연 조명, 핸드헬드 카메라 움직임으로 촬영)"와 같이 기술적 정보를 포함하면 AI 생성 영상이 실촬 푸티지와 더 유사한 특성을 갖게 된다. 특히 그레인 패턴이나 노이즈 특성까지 매칭하면 더욱 자연스러운 결합이 가능하다.

매치 무빙(Match moving)과 합성(Compositing) 기법

AI 생성 배경과 실제 촬영된 전경을 합성할 때는 카메라 트래킹이 중요하다. 실촬 시에 트래킹 마커를 배치하거나 충분한 디테일이 있는 배경을 확보해야 한다. AI 배경 생성 시에는 "camera tracking friendly, high detail textures, consistent perspective(카메라 트래킹에 적합한, 높은 디테일 텍스처, 일관된 원근감)" 같은 키워드를 포함해 매치 무빙에 유리한 영상을 생성한다.

애프터 이펙트(After Effects)나 다빈치 리졸브(DaVinci Resolve)의 3D 카메라 트래커를 활용해 실촬 푸티지의 카메라 움직임을 분석하고, 이 데이터를 바탕으로 AI 생성 배경을 정확히 합성할 수 있다.

라이팅과 색감 매칭

색온도 일치가 핵심이다. 실촬 시의 화이트밸런스 설정을 기록하고, AI 생성 시에도 동일한 색온도를 지정한다. "daylight 5600K color temperature(주광 5600K 색 온도)" 또는 "tungsten 3200K warm lighting(텅스텐 3200K 따뜻한 조명)"과 같이 구체적인 수치를 명시한다.

컬러 그레이딩 단계에서는 실촬 푸티지와 AI 생성 영상에 동일한 룩업 테이블(LUT, Look-Up Table)을 적용해 색감을 통일한다. 벡터스코프(Vectorscope)와 웨이브폼 모니터(Waveform Monitor)를 활용해 색상 범위와 명도 분포를 정확히 매칭시켜야 한다.

해상도와 품질 통일

현재 대부분의 AI 영상 생성 도구는 1080p 해상도를 제공하므로, 실촬 푸티지도 이에 맞춰 조정하는 것이 효율적이다. 4K로 촬영한 경우 다운스케일링(Downscaling) 시 샤프닝(Sharpening)과 디테일 보존에 주의해야 한다.

AI 생성 영상의 압축 아티팩트(Artifacts)나 노이즈 패턴을 실촬 푸티지와 매칭시키기 위해 필름 그레인(Film Grain) 플러그인이나 노이즈 추가 효과를 활용할 수 있다. 이때 중요한 것은 과도하지 않게 적용해 자연스러운 결과를 얻는 것이다.

워크플로 최적화

효율적인 하이브리드 제작을 위해서는 프리 프로덕션 단계에서 AI 활용 계획을 수립해야 한다. 어떤 장면을 실촬로, 어떤 장면을 AI로 제작할지 미리 결정하고, 이에 따른 촬영 계획과 포스트 프로덕션 워크플로를 설계한다.

그린 스크린(Green screen) 촬영 시에는 AI 배경 생성을 고려해 키잉(Keying)에 최적화된 조명을 설정한다. 스필라이트(Spilite) 제거와 에지 매칭(Edge matching)이 용이하도록 충분한 조명 분리를 확보해야 한다.

렌더링 파이프라인(Rendering Pipeline)에서는 실촬 푸티지와 AI 생성 요소를 레이어별로 분리해 관리하고, 각각에 적합한 압축 설정과 품질 최적화를 적용한다. 이를 통해 최종 출력물의 품질을 극대화할 수 있다.

고급 제작 기법과 창의적 활용

멀티레이어 합성과 복합적 장면 구성

복잡한 장면 제작 시에는 레이어 기반 접근법을 사용한다. 배경, 중경, 전경을 각각 별도로 생성한 후 합성하면 더욱 깊이감 있는 영상을 만들 수 있다. "background layer: distant mountains(배경 레이어: 먼 산들)", "midground: forest trees(중경: 숲의 나무들)", "foreground: character close-up(전경: 캐릭터 클로즈업)"과 같이 레이어별로 구분해 생성한다.

Z 버퍼(Z-depth) 정보를 활용한 뎁스 기반 합성을 통해 자연스러운 초점 이동과 깊이감을 구현할 수 있다. AI

생성 시 "with depth map information(뎁스 맵 정보 포함)" 또는 "3D depth data included(3D 깊이 데이터 포함)"를 요청하면 후처리에서 활용 가능한 뎁스 맵을 얻을 수 있다.

시간 기반 효과와 모션 그래픽스

AI 생성 영상에 추가적인 모션 그래픽스 요소를 결합해 더욱 역동적인 장면을 연출할 수 있다. 파티클 시스템을 활용한 눈, 비, 먼지 효과나, 타이포그래피 애니메이션을 AI 배경 위에 합성하는 방식이다.

시간 왜곡 효과(Time Remapping)를 활용해 AI 생성 영상의 속도를 조절하고, 슬로 모션이나 타임 랩스 효과를 구현할 수 있다. 이때 AI 영상의 프레임 보간이 자연스럽게 이뤄지도록 주의해야 한다.

파티클 시스템과 환경 효과

AI 영상 위에 실시간 파티클 효과를 추가해 환경의 생동감을 높일 수 있다. 파티큘러(Particular)나 트랩코드 스위트(Trapcode Suite) 같은 플러그인을 활용해 안개, 연기, 폭발 등의 효과를 AI 배경과 자연스럽게 통합한다.

라이팅 매칭이 중요한데, AI 생성 영상의 조명 방향과 색온도를 분석해 파티클 효과에도 동일한 라이팅을 적용해야 한다. 이를 위해 "lighting analysis pass(조명 분석 패스)"를 별도로 생성해 참조 자료로 활용할 수 있다.

캐릭터 애니메이션과 표정 제어

AI 생성 캐릭터의 표정 변화를 더욱 세밀하게 제어하기 위해서는 키 프레임(Key frame) 애니메이션 기법을 활용한다. "facial expression changing from neutral to surprised over 2 seconds(2초에 걸쳐 중립적 표정에서 놀란 표정으로 변화하는 얼굴 표현)"와 같이 시간적 변화를 명시해 더욱 자연스러운 감정 표현을 구현한다.

립싱크 작업의 경우, AI 생성 영상과 별도로 녹음된 음성을 매칭시키는 과정이 필요하다. 이때 입술 움직임의 타이밍과 강도를 수동으로 조정해 더욱 정확한 립싱크를 달성할 수 있다.

특수 효과와 VFX 통합

AI 생성 베이스 위에 전통적인 시각효과(VFX) 기법을 결합해 더욱 스펙터클한 장면을 연출할 수 있다. 예를 들어, AI로 생성한 우주 배경 위에 3D 모델링된 우주선을 합성하거나, AI 생성 풍경에 컴퓨터그래픽(CG) 크리처를 추가하는 방식이다.

마스크와 로토스코핑(Rotoscoping) 작업을 통해 AI 생성 요소와 별도 제작 요소 간의 정확한 경계를 설정하고, 자연스러운 통합을 달성한다. 이때 에지 소프트닝(Edge softening)과 컬러 매칭이 특히 중요하다.

실제 제작 사례와 워크플로

단편 영화 제작 사례 분석

실제 AI 단편 영화 제작 사례를 보면, 웨이마크(Waymark)에서 제작한 〈프로스트(The Frost)〉는 12분 길이의 SF 스릴러로 달리 2(DALL-E 2)를 활용해 제작되었다. 이 작품은 현재 AI 생성 영화 중 가장 완성도 높은 작품 중 하나로 평가받고 있다.

일반적인 AI 단편 제작에서는 프리 프로덕션에서 상세한 스토리보드를 작성하고, 각 숏의 제작 방식(실촬/AI)을 미리 결정하는 것이 중요하다. AI 생성이 어려운 복잡한 인터랙션이나 정밀한 소품 조작 장면은 실촬로, 환경 설정이나 광범위한 배경 장면은 AI 생성으로 배정하는 것이 효과적이다.

소규모 제작 팀의 경우 핵심 인물 장면을 먼저 실제 촬영으로 완료하고, 이후 AI 영상 생성과 합성 작업을 진행하는 단계적 접근법을 권장한다. 각 AI 생성 숏당 평균 15~20회의 재생성을 통해 최적의 결과물을 선별하는 것이 일반적이다.

장르별 제작 접근법

드라마 장르에서는 인물의 감정 표현이 중요하므로 얼굴 클로즈업은 실촬로, 환경 설정과 분위기 연출은 AI 생성으로 처리하는 것이 효과적이다. "emotional close-up, natural lighting, shallow depth of field(감정적인 클로즈업, 자연 조명, 얕은 피사계 심도)" 같은 키워드를 활용한다.

액션 장르의 경우 역동적인 카메라 움직임과 빠른 편집이 특징이다. AI 생성 시 "high-speed camera movement, dynamic action sequence, motion blur effects (고속 카메라 움직임, 역동적인 액션 시퀀스, 모션 블러 효과)"를 지정해 액션의 스피드 감을 구현한다.

SF 장르는 AI 생성에 가장 적합한 장르로, 상상 속의 미래 도시나 우주 배경을 효과적으로 구현할 수 있다. "futuristic cityscape, holographic displays, neon-lit streets(미래적 도시 풍경, 홀로그래픽 디스플레이, 네온으로 밝혀진 거리)" 같은 키워드로 독창적인 비주얼을 창조한다.

호러 장르에서는 분위기 조성이 핵심이므로 조명과 색감에 특별한 주의를 기울인다. "eerie atmosphere, dim lighting, desaturated colors, ominous shadows(으스스한 분위기, 어두운 조명, 채도가 낮은 색상, 불길한 그림자)"를 활용해 긴장감을 극대화한다.

시간과 예산 관리 전략

효율적인 제작을 위해서는 철저한 계획이 필요하다. AI 생성 작업의 경우 시행착오가 많으므로 충분한 버퍼 시간을 확보해야 한다. 일반적으로 예상 시간의 150~200%를 배정하는 것이 안전하다.

예산 관리에서는 AI 도구의 요금제를 신중히 선택해야 한다. 런웨이 젠3의 경우 기본 요금제에서는 크레디트 기반으로 운영되지만, 가장 비싼 요금제(Unlimited Plan)에서는 무제한 크레디트 사용이 가능하므로, 대량 제작이 필요한 경우 이를 고려해 적절한 플랜을 선택한다.

품질 관리와 반복 작업 최적화

일관된 품질 관리를 위해서는 체크리스트 기반의 검수

시스템을 구축해야 한다. 각 생성 결과물에 대해 해상도, 색감, 움직임의 자연스러움, 스타일 일관성 등을 평가하는 표준화된 기준을 마련한다.

반복 작업 최적화를 위해서는 프롬프트 템플릿을 구축하고, 성공적인 시드 넘버와 설정값을 데이터베이스화한다. 이를 통해 유사한 장면 제작 시 효율성을 크게 향상할 수 있다.

출력 품질 개선 방법

AI 생성 영상의 품질을 향상하기 위해서는 업스케일링과 노이즈 제거가 핵심이다. 토파즈 비디오 인핸스 AI (Topaz Video Enhance AI)나 ESRGAN(Enhanced Super-Resolution Generative Adversarial Networks, 향상된 초고해상도 생성적 적대 신경망) 같은 전문 도구를 활용해 해상도를 향상하고, 다빈치 리졸브(DaVinci Resolve)의 노이즈 리덕션 기능으로 불필요한 아티팩트를 제거한다. 최종 출력 설정에서는 고품질 코덱(ProRes 422 HQ, H.265 고비트레이트)을 선택해 압축 손실을 최소화하고, 플랫폼별 최적화된 포맷으로 출력해 배포 효율성을 극대화한다.

06
AI 후반 작업 프로세스

후반 작업(포스트프로덕션)은 영화 제작에서 촬영이 끝난 후 시작되는 핵심 단계로, AI 기술의 도입으로 그 패러다임이 완전히 바뀌고 있다. 전통적으로 수많은 전문가와 오랜 시간이 필요했던 편집, 컬러 그레이딩, 사운드 디자인 등의 작업이 AI의 도움으로 자동화되고 간소화되면서, 1인 제작자도 전문가 수준의 후반 작업을 수행할 수 있게 되었다. 이는 단순한 작업 효율성 향상을 넘어 창작자의 표현 가능성을 무한히 확장하는 혁신적 변화다.

AI와 야구?

AI 후반 작업의 개념과 범위

후반 작업의 정의와 구성

후반 작업(포스트프로덕션)은 영화 제작 프로세스의 한 과정으로, 촬영이 끝난 후에 시작된다. 전통적인 후반 작업은 편집, 시각 효과, 컬러 그레이딩, 사운드 디자인, 음향 믹싱 등으로 구성되며, 각 분야마다 전문적인 기술과 장비가 필요했다.

AI 기술의 도입으로 이러한 후반 작업 과정은 근본적인 변화를 겪고 있다. AI 영화는 생성형 AI 프롬프트에 감독의 생각을 입력하면 AI가 무한으로 시안을 제시한다. 감독은 그것들을 선별 및 취합해 편집 과정을 거쳐 최종 결과물을 산출한다. 이는 전통적인 영화 제작 방식과는 완전히 다른 접근법이다.

AI 후반 작업의 특징

AI 후반 작업의 가장 큰 특징은 자동화와 지능화다. 기존에는 수작업으로 진행되던 많은 과정들이 AI에 의해 자동으로 처리되며, 창작자의 의도를 AI가 이해하고, 이를 바탕으로 최적의 결과물을 제안한다.

일부 사례에서 20분짜리 에피소드 세 편을 모두 제작

하는 데 걸린 시간이 1시간 남짓에 불과했다는 보고가 있을 정도로, AI 후반 작업의 속도는 전통적인 방식과 비교할 수 없을 정도로 빠르다. 이러한 속도 향상은 단순히 시간 절약뿐만 아니라 창작자가 더 많은 실험과 반복 작업을 통해 완성도를 높일 수 있게 해 준다.

AI 편집 시스템

자동 편집 기능

현대의 AI 편집 시스템은 여러 가지 자동화 기능을 제공한다. 대표적인 예로 브루(Vrew) 같은 AI 영상 편집 프로그램은 대본부터 이미지, 음성까지 자동으로 영상을 만드는 기능을 제공한다.

브루 같은 시스템들은 다양한 자동화 기능을 포함한다. 영상 중간에 들어간 무음을 감지해서 클릭 한 번으로 삭제할 수 있으며, 가지고 있는 대본을 자동으로 인식해서 영상 속 자막으로 만들어 준다. 또한 넣고 자르기만 하면 완성되는 고퀄리티 쇼트폼 영상을 제작할 수 있고, PDF 속 내용을 인식해서 자막과 내레이션이 있는 영상으로 변환하는 기능도 제공한다.

텍스트 기반 편집

텍스트 기반 동영상 편집은 AI 편집의 혁신적인 기능 중 하나다. 이 기능은 말 그대로 영상을 분석해 텍스트 대본을 생성하고, 텍스트 대본을 편집해 동영상을 편집할 수 있는 기능이다.

디스크립트(Descript) 같은 도구는 자동 자막 삽입 분야에서 매우 유명한 제품으로 평가받고 있다. 이제 강력한 AI 편집 도구와 자동화된 소프트웨어를 사용해 비디오 편집 작업을 대신하고 있으며, 텍스트 기반 편집 분야에서 선도적인 위치를 차지하고 있다.

AI 컬러 그레이딩

자동 컬러 코렉션

컬러 그레이딩은 영화의 시각적 톤과 분위기를 결정하는 중요한 후반 작업 과정이다. AI 기술의 도입으로 이 과정은 크게 간소화되었다. 컬러랩ai(Colourlab.ai)의 AI 기능에는 인간 컬러리스트인 사용자로부터 영상 내 주요 프레임을 학습하는 머신 러닝 도구인 '관심 프레임'이 포함되어 있어 그레이딩 프로세스에서 많은 시간을 절약할 수 있다.

전문가들은 이러한 AI 컬러 그레이딩 도구에 대해 "우리가 실시한 컬러랩ai 테스트에서 모든 것이 잘 작동하는 것에 솔직히 놀랐다. 우리가 사용해 본 대부분의 머신러닝 및 자동 색상 도구는 실망스러웠다. 이 도구는 최고급 컬러리스트도 시간과 비용을 절약할 수 있는 전문가 수준의 도구 세트다"라고 평가하고 있다.

스타일 매칭과 룩 생성

AI 컬러 그레이딩 시스템은 고급 카메라 매칭 기능을 제공한다. 이를 통해 서로 다른 카메라에서 촬영한 사진을 즉시 컬러 매칭할 수 있으며, 여러 카메라로 촬영한 장면들 간의 색감 일관성을 자동으로 유지할 수 있다.

또한 AI 비디오 컬러라이제이션을 통한 비디오 변환 기술을 활용하면 흑백 영상을 컬러로 변환하거나 기존 영상의 색감을 완전히 바꿀 수 있다. 이러한 기술은 컬러화 프로세스를 자동화해 영화 및 애니메이션 업계의 제작자가 시간을 절약할 수 있다.

AI 사운드 디자인과 음향 편집

자동 사운드 생성

AI 사운드 디자인은 후반 작업에서 가장 혁신적인 변화를 보이는 분야 중 하나다. 현재 제작자가 소셜 비디오, 게임, 영화, TV 프로그램 같은 콘텐츠에 음향 효과를 추가하려면, 수동으로 녹음하거나 오디오 라이브러리에서 파일을 구매해야 한다. 원하는 오디오를 찾을 수 없거나 비용이 많이 들 수도 있다.

일레븐랩스(ElevenLabs)의 사운드 이펙트 AI(Sound Effects AI)는 이러한 문제를 해결한다. 사용자의 프롬프트를 기반으로 최대 22초 길이의 사운드를 생성할 수 있으며, 다운로드 가능한 4개 이상의 오디오 클립을 제공한다. 일레븐랩스는 풍부하고 몰입감 넘치는 음향 효과를 빠르고 저렴하게 대규모로 생성하기 위해 사운드 이펙트를 설계했다고 밝혔다.

효과음 제작의 자동화

AI 효과음 생성기는 텍스트 프롬프트만으로 다양한 음향 효과를 생성할 수 있다. 메타마인드(MetaMind) 같은 AI 서비스는 저작권 걱정 없이 여러분이 원하는 모든 효과음을 손쉽게 만들어 드린다고 광고하고 있다. 영화를 만들 때, 유튜브 영상을 편집할 때, 혹은 게임 사운드를 디자인할 때 필요한 효과음을 간단히 제작할 수 있다.

이러한 AI 도구들은 다양한 종류의 효과음을 생성할 수 있다. 폴리(Foley)는 발소리, 움직임, 물체 소리 같은 일상적인 음향 효과를 만들어 낸다. 후시(Whoosh)는 주먹을 날리거나 카메라가 움직이는 등의 움직임을 강조하는 효과음을 생성한다. 임팩트(Impact)은 물체가 다른 물체나 구조물과 접촉하는 소리를 제작하며, 브람(Braam)은 영화 예고편에서 흔히 사용되는 크고 웅장한 영화적인 타격음을 생성한다.

AI 기반 자동화 도구들

배경 제거와 마스킹

AI 모션 트래킹 기술로 동영상 배경에서 움직이는 피사체를 정밀하게 추적해 부드럽고 전문적인 편집을 할 수 있다. 전통적인 그린 스크린 방식과 달리, 현재의 AI 도구들은 그린 스크린 사용이 더 이상 필요하지 않을 정도로 정교한 배경 제거가 가능하다. 모바비 비디오 에디터(Movavi Video Editor) 같은 도구를 사용하면 모든 동영상의 배경을 매끄럽게 잘라 내고 지구 어디든 가장 좋아하는 곳에 내 모습을 넣을 수 있다.

특히 런웨이(Runway) 같은 AI 도구는 머신 러닝을 사용해 클릭 한 번으로 마스킹과 자동 로토스코핑이 가능한 혁신적인 기능을 제공한다고 알려져 있다. 수작업으로 클립을 로토스코프로 촬영할 때 걸리는 시간을 대폭 단축할 수 있다고 전문가들은 평가한다.

노이즈 제거와 오디오 개선

AI 노이즈 감소로 오디오 선명도를 개선해 음질을 향상하는 기능은 현재 대부분의 AI 편집 도구에서 기본적으로 제공되는 기능이 되었다. 특히 디스크립트의 강력한 AI 소프트웨어는 스튜디오 사운드 기능을 통해 직접 제작한 녹음을 스튜디오급 사운드로 변환할 수 있다.

이러한 AI 오디오 개선 기능들은 여러 가지 특징을 가진다. 실시간 처리 기능으로 편집 중 실시간으로 노이즈를 제거하고 음질을 개선한다. 자동 레벨 조정 기능은 볼륨의 일관성을 유지하도록 자동으로 조정하며, 음성 향상 기능은 대화의 명료도를 높이고 배경 잡음을 제거한다.

통합 워크플로와 AI 자동화

원스톱 AI 제작 환경

현대의 AI 후반 작업 도구들은 개별 기능보다는 통합된 워크플로를 제공하는 방향으로 발전하고 있다. 캔바(Canva)의 매직 디자인 포 비디오(Magic Design™ for Video) 같은 도구는 동영상용 매직 디자인(Magic Design™)을 사용하면 영상을 자동 편집하고 음악을 삽입할 수도 있다고 광고한다. 손가락 하나 까딱하지 않고도 선명한 동영상을 만들 수 있다는 완전 자동화된 제작 환경을 제공한다.

이러한 통합 환경의 특징은 다음과 같다. 자동 템플릿 적용 기능은 콘텐츠에 맞는 최적의 템플릿을 AI가 자동으로 선택한다. 음악 자동 매칭 기능인 비트 싱크(Beat Sync)를 쓰면 동영상 편집기로 동영상과 음악을 자연스럽게 동기화할 수 있다. 자동 자막 생성 기능은 자동으로 모든 동영상의 동영상 자막(접근성)을 생성한다.

협업과 버전 관리

AI 후반 작업 도구들은 실시간 협업 기능도 제공한다. 동영상을 실시간으로 공동 작업할 수 있으며, 특정 장면에 의견 코멘트를 남기거나 작업 사항을 팀원에게 배정할 수 있는 기능을 통해 여러 제작자가 동시에 작업할 수 있다.

또한 클라우드 기반의 버전 관리 시스템을 통해 추가 작업을 할 수 있도록 캔바는 클라우드에 모든 콘텐츠를 안전하게 저장해 놓는 방식으로 작업의 연속성을 보장한다.

AI 업스케일링과 화질 개선

영상 품질 향상

AI 업스케일러로 동영상을 2배, 4배 향상할 수 있다는 기능은 저해상도 소스를 고화질로 변환하는 데 매우 유용하다. 이는 특히 오래된 영상 자료를 현대적인 기준에 맞게 복원하거나, 낮은 해상도로 촬영된 영상의 품질을 개선하는 데 활용된다.

AI 업스케일링 기술의 특징은 다음과 같다. 세부 디테일 복원 기능은 단순한 확대가 아닌 잃어버린 디테일의 지능적 복원을 수행한다. 노이즈 제거 기능은 업스케일링 과정에서 동시에 노이즈를 제거해 더욱 선명한 결과물을 생성한다. 실시간 처리 기능은 편집 과정에서 실시간으로 품질 개선 작업을 수행한다.

안정화와 모션 보정

AI 기반의 영상 안정화 기술은 흔들린 영상을 자동으로 보정한다. 기존의 안정화 기술과 달리, AI는 영상의 내용을 이해하고 보다 자연스러운 보정을 수행한다.

AI 후반 작업의 한계와 고려 사항

기술적 한계

AI 후반 작업 기술은 아직 완벽하지 않다. 특히 세밀한 조정이나 창작자의 독특한 의도를 반영하는 데에는 한계가 있다. 하지만 수동 마스킹을 사용하면 페더링(Feathering), 콘트라스트, 시프팅(Shifting), 모션 블러(Motion Blur), 가장자리 오염 제거 등 영화 제작자가 더 많은 옵션을 제어할 수 있다는 점에서 여전히 수동 작업의 필요성이 남아있다.

창작자의 역할 변화

AI 후반 작업의 발전으로 창작자의 역할도 변화하고 있다. 이제 촬영 감독은 카메라 대신 생성형 AI로 연출을 위한 프롬프트를 입력하고, CG 작업자는 기존 CG 툴 대신 AI 툴을 활용한다는 변화가 일어나고 있다.

창작자들은 이제 기술적 실행보다는 창의적 방향 설정과 최종 품질 관리에 더 집중할 수 있게 되었다. AI는 도구로서 활용되며, 최종 결정은 여전히 인간 창작자의 몫이다.

미래 전망과 발전 방향

AI 후반 작업 기술은 지속적으로 발전하고 있다. 특히 실시간 처리 능력의 향상과 더욱 정교한 AI 모델의 개발로 앞으로는 더욱 자연스럽고 고품질의 결과물을 얻을 수 있을 것으로 예상된다.

베리파이드 마켓 리서치(Verified Market Research)에 따르면 TTV(Text-to-Video) AI 시장 규모는 올해 1억 6320만 달러(약 2413억 원)에서 2031년 14억 120만 달러 (약 2조 719억 원) 규모로 증가하며, 연평균 성장률(CAGR) 36%에 달할 것으로 전망된다.

AI 후반 작업 기술의 발전은 특히 1인 제작자들에게 큰 기회를 제공한다. 거대한 자본의 접근이 어려운 새로운 재능들이 자기 비전을 펼칠 수 있는 시대가 왔다는 평가처럼, AI 기술은 제작 진입 장벽을 크게 낮추고 있다.

앞으로는 기술적 전문성보다는 창의적 아이디어와 스토리텔링 능력이 더욱 중요해질 것이다. AI가 기술적 실행을 담당하고, 창작자는 순수한 창작 활동에 집중할 수 있는 환경이 조성되고 있다.

AI 후반 작업 프로세스는 영화 제작의 민주화를 이끌고 있으며, 앞으로도 계속해서 발전해 더 많은 창작자들이 자신의 이야기를 세상에 전할 기회를 제공할 것이다. 중요한 것은 AI를 단순한 대체 도구가 아닌 창작의 파트너로 인식하고, 인간의 창의성과 AI의 효율성을 조화롭게 결합하는 것이다.

07
음악과 사운드 디자인

영화에서 사운드와 음악은 시각적 이미지만큼이나 중요한 스토리텔링 요소다. 관객의 감정을 직접적으로 움직이고, 장면의 분위기를 결정하며, 내러티브의 흐름을 강화하는 역할을 한다. AI 기술의 발전으로 이제 개인 창작자도 전문적인 음악 제작 능력 없이도 영화에 적합한 고품질 사운드트랙과 효과음을 제작할 수 있게 되었다. 수노 AI, 우디오, 일레븐랩스 등의 AI 도구들은 텍스트 설명만으로도 완성도 높은 음악과 음성을 생성한다. AI 도구들을 활용해 영화의 음향적 완성도를 높이는 구체적인 방법들을 탐구한다.

AI와 윤동주?

AI 음악 생성 도구의 이해와 활용

영화 음악은 단순한 배경음이 아니라 스토리텔링의 핵심 요소다. AI 음악 생성 도구들은 이러한 영화 음악의 특성을 이해하고, 장면에 적합한 음악을 효율적으로 제작할 수 있게 해준다.

수노 AI: 종합적 음악 창작 플랫폼

수노 AI(Suno AI)는 현재 가장 주목받고 있는 AI 음악 생성 도구 중 하나로, 텍스트 프롬프트를 통해 완성도 높은 음악을 생성할 수 있다. 영화 제작자에게 특히 유용한 기능들을 제공한다.

수노 AI는 보컬과 악기 연주가 포함된 완성된 곡을 만들 수 있으며, 여러 음악 스타일을 지원한다. 사용자는 가사와 스타일을 지정해 맞춤형 음악을 생성할 수 있다.

수노 AI는 메인 테마 음악부터 장면별 배경음악 제작까지 폭넓게 활용할 수 있다. 드라마틱한 오케스트라 음악, 긴장감 있는 서스펜스 음악, 로맨틱한 피아노 선율 등 다양한 스타일의 영화 음악을 생성할 수 있다. 또한 음악의 길이를 조절하고, 특정 부분을 반복하거나 확장하는 기능도 제공한다.

효과적인 수노 AI 활용을 위해서는 구체적이고 영화

적인 맥락을 포함한 프롬프트 작성이 중요하다. 단순히 "슬픈 음악"이 아니라 "작별을 앞둔 연인들의 마지막 춤, 느린 템포의 피아노와 현악기, 멜랑콜리한 분위기"와 같이 구체적인 상황과 감정을 설명하는 것이 효과적이다.

우디오: 고품질 음악 생성과 세밀한 제어

우디오(Udio)는 음질과 음악적 완성도에 특히 강점을 보이는 AI 음악 생성 도구다. 전문적인 음악 제작 수준의 결과물을 만들어 낼 수 있어 상업적 영화 제작에도 활용 가능하다.

우디오는 높은 음질과 복잡한 편곡을 지원한다. 다양한 악기의 조합과 정교한 사운드 레이어링(layering)이 가능하며, 음악적 이론에 기반한 자연스러운 화성 진행과 멜로디를 생성한다. 특히 오케스트라 편곡이나 복잡한 전자 음악 제작에 강점을 보인다.

우디오는 영화 음악에 필요한 특수한 요구 사항들을 잘 이해한다. 점진적인 빌드 업, 클라이맥스 구성, 감정적 전환 등 영화 음악의 특징적 요소들을 자연스럽게 구현할 수 있다. 또한 장면의 길이에 맞춰 음악의 구성을 조절하는 기능도 제공한다.

우디오는 특히 액션 시퀀스, 드라마틱한 클라이맥스,

감정적 전환점 등에서 필요한 복잡하고 역동적인 음악 제작에 적합하다. 오케스트라의 웅장함이나 전자 음악의 현대적 감각을 모두 구현할 수 있어 다양한 장르의 영화에 활용 가능하다.

기타 음악 생성 도구들

에이바(AIVA, Artificial Intelligence Virtual Artist)는 클래식 음악 작곡에 특화된 AI 도구로, 다양한 스타일의 기악곡 생성이 가능하다. 사운드드로(Soundraw)는 로열티 프리 음악 생성에 특화된 도구로, 상업적 사용이 가능한 음악을 쉽게 제작할 수 있다. 부미(Boomy)는 사용자 친화적인 인터페이스를 제공하는 AI 음악 생성 플랫폼으로, 기본적인 음악 제작이 가능하다.

장르별 음악 제작 전략

드라마 장르에서는 캐릭터의 감정과 관계의 변화를 음악으로 표현하는 것이 중요하다. 피아노, 현악기, 어쿠스틱 기타 등의 따뜻한 음색을 활용하고, 감정의 기복에 따라 다이내믹을 조절한다. 수노 AI나 우디오 모두 이런 섬세한 감정 표현에 적합한 음악을 생성할 수 있다.

긴장감과 스피드감이 중요한 액션 장르에서는 강한

리듬감과 다이내믹한 사운드가 필요하다. 전자 음악과 오케스트라의 조합, 드럼과 베이스의 강조, 불협화음의 활용 등이 효과적이다. 우디오의 복잡한 편곡 능력이 특히 유용하다.

공포 영화에서는 불안감과 공포감을 조성하는 음악이 필요하다. 불협화음, 낮은 주파수의 드론 사운드, 예측 불가능한 음향 효과 등을 활용한다. AI 도구들의 실험적 사운드 생성 기능을 적극 활용할 수 있다.

SF/판타지에서는 미래적이거나 환상적인 분위기 조성을 위해 전자 음악과 오케스트라의 융합, 신시사이저 소리, 비현실적 음향 등을 사용한다. AI 도구들의 창의적 사운드 생성 능력이 이런 장르에 특히 적합하다.

로맨스/멜로 장르에서는 감성적이고 따뜻한 분위기를 위해 현악기, 피아노, 부드러운 보컬 등을 활용한다. 멜로디 라인의 아름다움과 화성의 따뜻함이 중요하며, AI 도구들이 이런 감성적 요소를 잘 구현할 수 있다.

AI 음성 합성과 더빙 기술

영화에서 음성은 캐릭터의 정체성을 결정하고, 감정을 전달하는 핵심 요소다. AI 음성 합성 기술의 발전으로 다양한 목소리와 언어의 더빙, 내레이션, 심지어 실제 배우의 목소리 복제까지 가능해졌다.

일레븐랩스: 자연스러운 음성 합성

일레븐랩스(ElevenLabs)는 현재 가장 자연스럽고 고품질의 AI 음성 합성을 제공하는 서비스 중 하나다. 실제 사람의 목소리와 구별하기 어려울 정도의 자연스러운 음성을 생성할 수 있다.

일레븐랩스는 AI 기반 음성 합성 서비스로, 텍스트를 자연스러운 음성으로 변환한다. 다양한 목소리 옵션을 제공하며, 음성의 감정과 톤을 조절할 수 있다. 또한 사용자가 업로드한 음성 샘플을 학습해 해당 목소리로 새로운 텍스트를 읽어 주는 기능도 제공한다.

일레븐랩스는 내레이션, 더빙, 임시 음성(temp voice) 제작 등에 활용할 수 있다. 특히 예산이 제한된 독립 영화나 단편 영화에서 전문 성우 없이도 고품질의 음성을 확보할 수 있다. 또한 다국어 버전 제작 시 각 언어별 더빙을 효율적으로 진행할 수 있다.

AI 음성 합성 사용 시에는 윤리적 문제를 반드시 고려해야 한다. 실제 사람의 목소리를 허가 없이 복제하거나, AI 생성 음성임을 숨기고 사용하는 것은 피해야 한다. 상업적 사용 시에는 관련 법규와 가이드라인을 준수해야 한다.

머프 AI와 기타 음성 합성 도구

머프 AI(Murf AI)는 AI 음성 합성 도구 중 하나로, 다양한 목소리 옵션을 제공한다. 텍스트를 음성으로 변환하는 기본 기능 외에도 음성의 속도, 톤, 강조 등을 조절할 수 있는 기능을 제공한다.

머프 AI는 연령, 성별, 억양 등에 따라 분류된 여러 음성 옵션을 제공한다. 사용자는 텍스트를 입력하고 원하는 목소리를 선택해 음성을 생성할 수 있으며, 기본적인 음성 조절 기능을 사용할 수 있다.

영화의 각 캐릭터에게 적합한 음성을 설계할 때 머프 AI의 다양한 옵션을 활용할 수 있다. 주인공, 조연, 내레이터 등 각 역할에 맞는 음성 특성을 정의하고, 일관된 캐릭터 보이스를 유지할 수 있다.

음성 후처리와 품질 향상

AI로 생성된 음성도 추가적인 후처리를 통해 품질을 향상할 수 있다. 배경 소음 제거, 음질 개선, 공간감 추가 등의 작업을 통해 더욱 자연스럽고 영화적인 음성을 만들 수 있다.

AI 생성 음성의 압축으로 인한 음질 저하를 복원하고, 더 풍부한 주파수 특성을 추가한다. 리버브(reverb), 에코 등의 효과를 통해 촬영 환경에 맞는 공간감을 부여한다. 추가적인 음성 처리를 통해 AI가 표현하지 못한 미묘한 감정 변화를 강화한다.

사운드 이펙트와 앰비언트 사운드 제작

영화의 사운드 디자인은 단순히 음악과 대사만으로 이뤄지지 않는다. 환경음, 효과음, 앰비언트 사운드(Ambient sound) 등이 조화를 이뤄 완전한 청각적 경험을 만들어낸다. AI 도구들은 이러한 다양한 사운드 요소들을 효율적으로 제작할 수 있게 해 준다.

AI 기반 사운드 이펙트 생성

AI 도구들은 다양한 자연환경의 소리를 생성할 수 있다. 바람 소리, 파도 소리, 빗소리, 새 지저귐 등의 자연음부터 도시의 교통 소음, 군중 소리 등의 인공적 환경 음까지 폭넓게 제작 가능하다.

SF 영화나 액션 영화에 필요한 다양한 기계음, 폭발음, 총소리 등도 AI로 생성할 수 있다. 실제 녹음이 어려운 미래적 기술 소리나 판타지적 마법 소리 등도 창의적으로 만들어 낼 수 있다.

발자국 소리, 문 여닫는 소리, 요리하는 소리 등 일상적인 인간 활동에서 나는 다양한 소리들을 상황에 맞게 생성할 수 있다.

앰비언트 사운드와 분위기 조성

앰비언트 사운드는 장면의 분위기를 은밀하게 조성하는 중요한 요소다. 관객이 의식적으로 듣지 않더라도 무의식적으로 장면의 감정과 분위기를 받아들이게 만든다.

각 촬영 장소나 설정에 맞는 앰비언트 사운드를 제작한다. 병원의 기계음, 카페의 대화 소음, 숲의 자연음, 우주선의 엔진 음 등 장소의 특성을 반영한 배경음을 만든다.

같은 장소라도 시간대에 따라 다른 앰비언트 사운드가 필요하다. 새벽의 고요함, 한낮의 활기, 밤의 적막 등을 음향으로 표현한다.

캐릭터의 심리 상태나 장면의 감정적 톤에 맞는 추상적인 앰비언트 사운드를 제작한다. 불안감을 조성하는 낮은 드론 사운드, 평화로움을 표현하는 부드러운 패드 사운드 등이 있다.

사운드 레이어링과 믹싱

효과적인 사운드 디자인은 여러 사운드 요소들의 조화로운 결합에서 나온다. AI로 생성된 다양한 사운드들을 적절히 레이어링하고, 믹싱해 완성도 높은 사운드스케이프를 만든다.

각 사운드 요소가 서로 다른 주파수 영역을 차지하도록 배치해 명확하고 풍부한 사운드를 만든다. 스테레오나 서라운드 사운드를 활용해 각 사운드의 공간적 위치를 설정한다. 장면의 흐름에 따라 사운드의 강약을 조절해 극적 효과를 강화한다.

실시간 사운드 생성과 대화형 오디오

AI 기술의 발전으로 실시간 사운드 생성과 대화형 오디오 구현에 대한 연구가 활발히 진행되고 있다. 이는 특히 실험적인 영화나 인터랙티브 콘텐츠에서 새로운 가능성을 제시할 수 있다.

적응형 사운드트랙 연구

영화의 진행이나 관객의 반응에 따라 실시간으로 변화하는 사운드트랙에 대한 연구가 진행되고 있다. 이는 아직 실험적 단계에 있지만, 미래의 영화 경험에 새로운 차원을 제공할 수 있는 가능성을 보여 준다.

감정 기반 적응: 캐릭터의 감정 상태나 장면의 긴장도에 따라 음악의 템포, 조성, 악기 구성 등이 실시간으로 변화한다.

환경 기반 적응: 상영 공간의 크기, 관객 수, 시간대 등에 따라 사운드의 특성이 조절된다.

스토리 기반 적응: 스토리의 진행 상황이나 캐릭터의 선택에 따라 음악적 주제나 모티프가 발전하고 변화한다.

생성형 사운드 디자인

전통적인 사운드 라이브러리에 의존하지 않고, 실시간으로 필요한 사운드를 생성하는 시스템을 구축할 수 있다. 이를 통해 더욱 독창적이고 상황에 맞는 사운드 디자인이 가능하다.

상황별 사운드 생성: 장면의 특성과 요구 사항을 분석해 그에 맞는 사운드를 즉석에서 생성한다.

무한 변주: 같은 기본 사운드에서 무수히 많은 변주를 생성해 반복적이지 않은 자연스러운 사운드를 만든다.

창의적 실험: 기존에 존재하지 않는 새로운 형태의 사운드를 실험적으로 생성하고 테스트한다.

저작권과 라이선싱 고려 사항

AI로 생성된 사운드와 음악을 상업적으로 활용할 때는 저작권과 라이선싱 문제를 신중히 고려해야 한다. AI 도구마다 다른 라이선싱 정책을 가지고 있으며, 이를 정확히 이해하고 준수하는 것이 중요하다.

AI 생성 콘텐츠의 저작권

AI가 생성한 음악과 사운드의 저작권 귀속은 복잡한 법적 문제다. 일반적으로 AI 도구 제공업체, 사용자, 그리고 AI 훈련에 사용된 원본 데이터의 저작권자 간의 권리 관계를 명확히 해야 한다.

각 AI 음악 생성 플랫폼은 서로 다른 저작권 정책을 가지고 있다. 상업적 사용 허가 범위, 크레디트 표기 요구사항, 수익 분배 방식 등을 확인해야 한다.

영화 제작과 배급, 스트리밍 등 상업적 용도로 사용할 때의 권한과 제한 사항을 명확히 파악해야 한다.

AI 생성 콘텐츠가 기존 저작물과 유사할 경우의 법적 책임 소재를 이해하고 대비해야 한다.

안전한 사용을 위한 가이드라인

사용하고자 하는 AI 도구의 라이선스 조건을 정확히 확인하고 문서화한다. AI 도구 사용에 대한 적절한 크레디트를 표기해 투명성을 유지한다. AI 생성 콘텐츠에 문제가 발생할 경우를 대비한 대안을 준비한다. 복잡한 상업적 프로젝트의 경우 전문 법률 자문을 받는 것을 고려한다.

하이브리드 제작 워크플로

AI 도구들이 아무리 발전했다고 해도, 전통적인 사운드 제작 기법과의 조화로운 결합이 최고의 결과를 만들어 낸다. AI의 효율성과 창의성을 활용하면서도 인간의 음악적 감성과 경험을 놓치지 않는 것이 중요하다.

기본적인 음악 구조, 리듬 패턴, 멜로디 라인 등을 AI로 신속하게 생성한다. AI가 생성한 기본 소재를 바탕으로 인간의 음악적 감성을 더해 세밀한 조정과 편곡을 진행한다. 전체적인 음질과 밸런스는 전문적인 오디오 엔지니어링 기법을 적용한다.

AI를 완전한 대체재가 아닌 창작 파트너로 활용하는 접근법이 가장 효과적이다. AI의 제안을 받아들이거나 거부하고, 수정하며, 새로운 방향으로 발전시키는 과정을 통해 더욱 풍부하고 독창적인 사운드를 만들 수 있다.

AI가 예상치 못한 음악적 아이디어나 사운드 조합을

제안한다. 창작자가 AI의 제안을 평가하고, 선택하며, 창작적 의도에 맞게 발전시킨다. AI와 인간 사이의 지속적인 피드백을 통해 점진적으로 완성도를 높인다.

미래의 영화 사운드 제작

AI 기술의 지속적인 발전으로 영화 사운드 제작의 미래는 더욱 흥미로운 가능성들로 가득하다. 기술적 진보와 창작적 혁신이 만나 새로운 형태의 청각적 경험을 만들어 낼 것이다.

기술적 발전 방향

영화 상영 중 관객의 반응이나 환경 변화에 실시간으로 적응하는 사운드 시스템이 발전할 것이다. 가상현실, 증강현실 기술과 결합된 완전한 3D 사운드 환경이 구현될 것이다. 관객의 생체 신호나 표정을 분석해 개인별로 최적화된 사운드 경험을 제공할 수 있게 될 것이다.

창작적 혁신

AI 특유의 사운드 생성 능력을 활용한 새로운 형태의 음악과 사운드 디자인 장르가 등장할 것이다. 각 관객의 선호도와 감성에 맞춘 개인화된 영화 사운드트랙이 제공될 수 있을 것이다. AI와 인간, 그리고 여러 창작자 간의 실시간 협업을 통한 새로운 형태의 집단 창작이 가능해질 것이다.

AI를 활용한 사운드와 음악 제작은 영화 제작의 접근성을 크게 향상했다. 수노 AI, 우디오, 일레븐랩스 등의 도구들은 전문적인 음악 교육을 받지 않은 창작자도 고품질의 영화 사운드를 제작할 수 있게 해 준다. 그러나 이러한 기술적 도구들의 진정한 가치는 인간 창작자의 예술적 비전과 결합될 때 발휘된다.

중요한 것은 AI를 만능 해결책이 아닌 강력한 창작 도구로 인식하는 것이다. 기술의 편리함에 매몰되지 않고, 자신만의 독창적인 사운드 언어를 개발하며, 관객과의 진정한 감정적 연결을 만들어 내는 것이 궁극적인 목표가 되어야 한다.

앞으로의 영화 제작자들은 이러한 AI 도구들을 마스터하면서도, 동시에 사운드와 음악이 가진 근본적인 감정적 힘을 이해하고 활용해야 한다. 기술은 수단일 뿐이며, 진정한 예술적 성취는 여전히 인간의 창의성과 감성에서 나온다.

AI 사운드 제작 도구들은 영화 제작의 민주화에 크게

기여하고 있다. 이제 개인 창작자도 할리우드 스튜디오 수준의 사운드트랙을 만들 수 있는 시대가 되었다. 하지만 이러한 기회를 진정으로 활용하기 위해서는 기술적 숙련도와 함께 예술적 안목을 기르는 것이 필요하다.

무엇보다 중요한 것은 AI 도구를 사용하더라도 자신만의 독특한 사운드 아이덴티티를 잃지 않는 것이다. 기술의 편의성에 의존해 획일화된 사운드를 만들기보다는, AI의 가능성을 탐구하면서도 개인적인 예술적 비전을 유지하는 균형감이 필요하다.

결국 AI 사운드 제작 기술은 창작자가 더 큰 꿈을 꿀 수 있게 해 주는 도구다. 예산과 기술적 제약으로 포기했던 음악적 아이디어들을 실현할 수 있게 해 주고, 새로운 형태의 청각적 실험을 가능하게 한다. 이러한 도구들을 현명하게 활용해 관객에게 더 깊은 감동과 새로운 경험을 선사하는 것이 차세대 영화 제작자들의 과제이자 기회다.

08
수상작 〈찬란한 하루〉

2024년 부산국제인공지능영화제에서 주목받은 〈찬란한 하루〉는 AI 영화 제작의 새로운 패러다임을 제시한 작품이다. 14분여의 짧은 러닝 타임 안에 미드저니, 젠-3, 챗GPT, 아트리스트 등 다양한 AI 도구를 조화롭게 활용해 완성된 이 작품은 기술적 실험을 넘어 깊이 있는 철학적 메시지를 전달한다. 평범한 일상 속에서 찬란함을 발견하는 주인공의 여정을 통해, AI 시대 1인 창작자가 추구해야 할 방향성을 제시하며, 동시에 실제 제작 과정에서의 도전과 해결책을 생생하게 보여 준다.

AI와 한의학?

작품의 탄생 배경과 기획 의도

〈찬란한 하루〉의 기획은 현대인들이 느끼는 일상의 무력감에서 시작되었다. 자신의 인생이 특별하지 않다고 여기며 창작의 동기를 잃어버린 주인공의 모습은 많은 창작자들이 경험하는 보편적인 갈등을 반영한다. 이러한 주제를 AI 기술로 구현한다는 것 자체가 아이러니이면서 동시에 새로운 가능성을 암시한다.

제작자는 AI 도구들이 가진 한계를 역설적으로 활용했다. AI가 만들어 내는 완벽하지 않은 이미지들, 때로는 예측할 수 없는 결과물들을 통해 오히려 인간적인 감성을 표현하고자 했다. 이는 기술의 완벽함이 아니라 불완전함 속에서 찾는 아름다움이라는 작품의 핵심 메시지와도 맞닿아 있다.

멀티 플랫폼 AI 워크플로의 실제

1단계: 비주얼 콘셉트 개발. 미드저니 활용

영화의 전체 비주얼 스타일을 구축하기 위해 미드저니(Midjourney)를 활용한 과정은 전통적인 프리프로덕션 과정을 완전히 재정의했다. 일반적인 영화 제작에서 콘셉트 아티스트, 스토리보드 아티스트, 프로덕션 디자이

너가 수행하던 역할을 모두 AI와 창작자의 협업으로 대체한 것이다.

구체적인 프롬프트 전략을 살펴보면, 초기에는 광범위한 무드와 톤을 설정하는 프롬프트로 시작했다. "melancholic urban landscape, golden hour lighting, cinematic composition" 같은 기본적인 방향성을 제시한 후, 점진적으로 구체적인 장면들을 개발해 나갔다.

이 과정에서 중요한 것은 일관성 유지였다. 미드저니의 특성상 매번 다른 스타일의 이미지가 생성될 수 있기 때문에, 시드 번호 관리와 스타일 레퍼런스 이미지 활용이 핵심이었다. 특히 주인공 캐릭터의 경우, 초기에 만족스러운 결과물을 얻은 후 해당 이미지를 레퍼런스로 활용해 다양한 상황과 감정 상태를 표현했다.

2단계: 동적 영상화. 젠-3를 통한 이미지-투-비디오

미드저니로 생성한 정적 이미지들을 영상으로 변환하는 작업은 현재 AI 영화 제작에서 가장 도전적인 영역이다. 젠-3(Gen-3, Runway ML의 3세대 비디오 생성 모델)는 이 과정에서 핵심적인 역할을 담당했다.

가장 큰 도전은 모션의 자연스러움과 일관성이었다. AI 비디오 생성 모델들은 종종 예측할 수 없는 모션을 만들어 내거나, 이미지의 핵심 요소들을 왜곡하는 경우가 있다. 이를 해결하기 위해 여러 가지 전략을 사용했다.

첫째, 카메라 움직임을 최소화하는 전략이다. 급격한 줌이나 패닝보다는 미묘한 움직임이나 환경적 요소(바람에 흔들리는 나뭇잎, 변화하는 조명 등)에 집중했다. 둘째, 프롬프트에서 모션의 방향과 강도를 구체적으로 명시했다. “subtle camera push in, 3 seconds duration, maintain facial features(미묘한 카메라 푸시인, 3초 지속, 얼굴 특징 유지)” 같은 세밀한 지시 사항이 결과물의 품질을 크게 좌우했다.

특히 인물의 감정 변화를 표현하는 클로즈업 장면에서는 수십 번의 재생성 과정을 거쳤다. AI가 생성한 여러 버전 중에서 가장 자연스럽고 감정적으로 적절한 것을 선별하는 과정이 필요했다.

3단계: 서사 구조 개선. 챗GPT와의 협업

챗GPT는 단순한 번역 도구를 넘어 창작 파트너 역할을 했다. 초기 시나리오의 구조적 문제점들을 파악하고 개선안을 제시하는 과정에서, AI의 패턴 인식 능력과 인간의 직관이 결합된 새로운 형태의 창작 프로세스가 나타났다.

구체적으로는 반복적인 대화를 통해 캐릭터의 내적 여정을 더욱 명확하게 구조화했다. "주인공의 변화 과정을 3막 구조로 재구성해 달라"는 요청에서 시작해, 각 장면에서 전달해야 할 감정의 강도와 방향을 세밀하게 조정해 나갔다.

또한 상징과 은유의 활용에서도 챗GPT의 도움이 컸다. "구겨진 종이"라는 시각적 메타포를 스토리 전반에 걸쳐 어떻게 활용할지, 그것이 주인공의 심리 상태와 어떻게 연결될지에 대한 아이디어를 발전시키는 과정에서 AI의 연상 능력이 유용했다.

4단계: 음성과 사운드 디자인. 아트리스트의 활용

전통적인 성우 녹음과 사운드 디자인 과정을 AI로 대체하는 것은 여전히 도전적인 영역이다. 아트리스트(Artlist)를 활용한 보이스 오버 작업에서는 감정의 미묘한 뉘앙스를 표현하는 것이 가장 큰 과제였다.

특히 주인공의 내적 독백 부분에서는 텍스트의 감정적 의도를 음성으로 정확히 전달하기 위해 다양한 톤과 속도를 실험했다. AI 음성의 한계를 인정하면서도, 포스트프로덕션에서의 오디오 편집을 통해 자연스러움을 높이는 작업이 필요했다.

제작 과정에서의 주요 도전과 해결책

기술적 일관성의 문제

AI 도구들 간의 스타일 일관성을 유지하는 것은 가장 큰 기술적 도전이었다. 미드저니에서 생성된 이미지의 스타일과 젠-3에서 나오는 영상의 질감이 미묘하게 다를 수 있고, 이는 최종 결과물의 완성도에 직접적인 영향을 미친다.

이를 해결하기 위해 철저한 컬러 그레이딩과 포스트 프로덕션 작업이 필요했다. 다빈치 리졸브(DaVinci Resolve)를 활용해 모든 영상 클립의 컬러 프로파일을 통일하고, 일관된 시각적 톤을 만들어 내는 작업이 전체 제작 시간의 상당 부분을 차지했다.

스토리텔링의 깊이 확보

AI 생성 콘텐츠가 가질 수 있는 표면적 한계를 극복하기 위해서는 인간 창작자의 적극적인 개입이 필요했다. 특히 감정의 깊이와 캐릭터의 복잡성을 표현하는 부분에서는 AI가 제시한 기본 구조를 바탕으로 인간의 경험과 직관을 더해 가는 과정이 중요했다.

예를 들어, 주인공이 자신의 평범함을 깨닫는 장면에

서 AI가 생성한 이미지들은 시각적으로는 아름다웠지만 감정적 무게감이 부족했다. 이를 보완하기 위해 편집 리듬을 조정하고, 음악과 효과음을 세밀하게 배치해 관객이 주인공의 내적 여정에 몰입할 수 있도록 했다.

창작자 정체성의 재정의

AI 도구들을 활용하는 과정에서 창작자로서의 정체성에 대한 근본적인 질문이 제기되었다. "AI가 만든 이미지와 영상을 편집한 것이 과연 내 작품인가?"라는 의문에서 시작해, 결국 창작자의 역할이 무엇인지에 대한 새로운 정의가 필요했다.

결론적으로, AI 시대의 창작자는 전통적인 의미의 제작자보다는 '큐레이터'이자 '디렉터'에 가깝다는 인식에 도달했다. 수많은 AI 생성 결과물 중에서 작품의 의도에 맞는 것들을 선별하고, 이들을 조합해 일관된 서사를 만들어 내는 것이 새로운 창작 행위라는 것이다.

1인 제작자를 위한 실무적 교훈

도구의 특성 이해와 조합

〈찬란한 하루〉의 성공은 각 AI 도구의 특성을 정확히 파악하고, 이들을 효과적으로 조합한 결과다. 미드저니의 창의적 이미지 생성 능력, 젠-3의 자연스러운 모션 구현, 챗GPT의 구조적 사고, 아트리스트의 음성 합성 기술 등을 각각의 장점에 맞게 활용했다.

1인 제작자들이 참고할 점은 모든 AI 도구를 완벽하게 마스터하려고 하지 말고, 각 도구의 핵심 기능에 집중해 전문성을 기르는 것이다. 그리고 이들 도구들 간의 연결 고리를 만들어 내는 워크플로 설계 능력을 기르는 것이 중요하다.

반복과 실험의 중요성

AI 생성 결과물의 품질은 예측하기 어렵기 때문에, 충분한 시간적 여유를 두고 반복적인 실험을 진행하는 것이 필수다. 〈찬란한 하루〉의 제작 과정에서도 만족스러운 결과를 얻기까지 평균적으로 10~20번의 재생성 과정을 거쳤다.

특히 핵심 장면들의 경우, 한 번에 완벽한 결과를 기대하지 말고 여러 버전을 생성한 후 최적의 조합을 찾아가는 접근법이 효과적이다. 이는 전통적인 영화 제작에서의 여러 테이크 촬영과 유사한 개념이다.

인간적 감성의 주입

AI가 아무리 발전해도 여전히 인간의 감성과 직관을 완전히 대체하기는 어렵다. 〈찬란한 하루〉가 관객들에게 감동을 준 이유는 기술적 완성도보다는 작품에 스며든 창작자의 진정성 때문이다.

1인 제작자들은 AI 도구들을 활용하되, 자신만의 독특한 관점과 감성을 작품에 주입하는 것을 잊지 말아야 한다. AI는 도구일 뿐이며, 결국 작품의 영혼은 창작자가 불어넣는 것이다.

미래 전망과 발전 가능성

〈찬란한 하루〉의 성공은 AI 영화 제작의 현재 수준을 보여 주는 동시에, 미래의 가능성을 암시한다. 현재의 기술적 한계들이 해결된다면, 1인 제작자도 할리우드 수준의 시각적 완성도를 갖춘 작품을 만들 수 있는 시대가 올 것이다.

하지만 기술의 발전만큼이나 중요한 것은 창작자의 철학과 세계관이다. 〈찬란한 하루〉가 보여 준 것처럼, 진정으로 의미 있는 AI 영화는 기술의 과시가 아니라 인간에 대한 깊이 있는 이해에서 출발한다.

〈찬란한 하루〉의 가장 큰 성취는 AI 기술을 활용하면서도 인간적인 감성을 잃지 않았다는 점이다. 이는 앞으로 AI 영화 제작에서 추구해야 할 방향성을 명확히 제시한다.

평범한 일상 속에서 찬란함을 발견하는 주인공의 여정은 AI 시대를 살아가는 모든 창작자들의 여정과 닮아 있다. 새로운 기술에 압도되지 않고, 자신만의 목소리를 찾아가는 것. 그것이 바로 〈찬란한 하루〉가 우리에게 남긴 가장 소중한 메시지다.

AI는 우리의 창작 도구를 혁신적으로 바꾸어 놓았지만, 창작의 본질은 여전히 인간의 경험과 감성에서 출발한다. 〈찬란한 하루〉는 이 두 요소가 어떻게 아름답게 조화를 이룰 수 있는지를 보여 준 뛰어난 사례며, 모든 1인 AI 영화 제작자들에게 영감을 주는 작품이다.

09
AI 윤리와 저작권 문제

1인 영화 제작자들이 직면한 가장 복잡하고 민감한 문제 중 하나가 바로 윤리와 저작권 문제다. 생성형 AI는 창작의 민주화를 이끌면서도 동시에 기존 창작자들의 권리와 충돌하는 딜레마를 야기한다. AI가 만든 결과물이 원작과 매우 유사하거나 이를 모방하는 경우, 저작권 침해 소지가 발생할 수 있으며, 딥페이크와 허위 정보 문제는 사회적 혼란을 초래할 위험을 안고 있다. 국내에서는 〈AI 수로부인〉이 편집 저작물로 저작권 인정을 받은 사례가 있지만, 여전히 많은 법적 · 윤리적 공백이 존재한다.

AI와 화장품?

AI 생성 콘텐츠의 법적 지위와 저작권 현황

현재 AI 생성 콘텐츠의 저작권 문제는 전 세계적으로 활발한 논의가 진행되고 있다. 한국저작권위원회의 가이드라인에 따르면 저작권법상 저작물은 인간의 사상 또는 감정을 표현한 창작물을 의미하므로, 인간이 아닌 AI가 만들어 낸 산출물에 대해서는 저작권을 인정하지 않는다. 하지만 인간이 AI 산출물을 선택하고 배열한 창의적 과정이 있으면 편집 저작물로 저작권 등록이 가능하다.

실제로 국내에서는 생성 인공지능으로 전면 제작한 영화가 처음으로 저작권 인정을 받아 편집 저작물로 등록되는 중요한 사례가 나타났다. 나라지식정보의 산하 영화 제작사 나라AI필름이 제작한 영화 〈AI 수로부인〉이 한국저작권위원회로부터 최종 편집 저작물 등록을 인정받았다. 이는 세계적으로도 두 번째로 꼽히는 일로, 향후 생성 AI 저작물에 관한 중요한 사례가 되었다.

하지만 이러한 인정은 제한적이다. AI가 제작한 이미지, 영상 등에 대해서는 저작권을 인정받지 못하고, 그러한 요소들을 인간이 선택하고 배열한 창의적 과정에 대해서만 편집 저작물로 인정받는 상황이다. 이는 AI 자체가 창작자가 될 수 없다는 현행 법체계의 특징을 보여 준다.

문화체육관광부와 한국저작권위원회의 《생성형 AI 저작권 안내서》는 AI 산출물은 인간의 창작물이 아니므로 저작권 등록이 불가하나, AI 산출물에 편집·배열 등의 추가 작업을 하는 등 인간의 창작성이 부가된 경우 편집 저작물로 저작권 등록이 가능하다고 명시하고 있다. 이러한 기준은 1인 영화 제작자들에게 중요한 참고 사항이 되고 있다.

훈련 데이터와 관련된 윤리적 문제들

AI 모델이 학습하는 과정에서 사용되는 훈련 데이터의 출처와 사용 권한은 중요한 윤리적 쟁점 중 하나다. 대부분의 대규모 언어 모델(LLM)들이 인터넷에서 수집한 방대한 데이터세트를 기반으로 훈련받는데, 그 데이터 중 일부는 공공 영역에 속하고 공정한 사용으로 볼 수 있지만, 전체 데이터세트에 대해서는 그렇지 않은 경우가 많다.

온라인 콘텐츠로 훈련된 파운데이션 모델들은 소유자의 동의 없이 보상도 없이 저작권이 있는 자료를 사용하고 이득을 취하는 것이 대부분이며, 이는 저작권 침해 논란을 불러일으킨다. 창작자들이 온라인에 올린 자신의 그림은 무분별하게, 여러 AI 학습의 데이터베이스로 쓰이고 있는 실정이다. 일부 창작자들은 자신의 그림을 AI에게 학습시키는 것을 금지한다고 표시하기도 하지만, 실질적으로 AI의 무단 학습을 완전히 막기는 어려운 상황이다.

데이터 윤리의 중요한 원칙 중 하나는 목적 사용 제한이다. 데이터 재사용의 윤리적 문제를 해결하기 위해서는 먼저 데이터세트의 원래 맥락을 이해해야 한다. 왜 이 데이터를 가지고 있는가? 그것은 어디에서 왔는가? 누가 수집했는가? 어떤 목적으로 수집했나? 이러한 질문들에 대한 명확한 답변 없이 데이터를 AI 훈련에 사용하는 것은 윤리적으로 문제가 될 수 있다.

포괄적인 동의 조항도 윤리적으로 논란이 되는 상황 중 하나다. 이는 동의를 얻은 시점에 불특정 또는 모호하게 지정된 상태에서 데이터를 사용할 수 있는 권한을 조직에 부여하는 지나치게 광범위한 조항이다. 이러한 조항은 길고 이해하기 어려운 개인정보 보호 정책이나 이용 약관 계약에 묻혀 있어, 실제로 의미 있고 사전 동의에 해당하는지 검토가 필요하다.

AI 생성 콘텐츠의 진정성과 원작자성에 대한 철학적 고찰

AI 생성 콘텐츠가 제기하는 근본적인 질문 중 하나는 진정성과 원작자성에 관한 것이다. 생성형 AI는 인간이 아니므로 스스로 생각하거나 감정을 느끼지 못한다. 패턴을 찾는 것이 주된 기능이다. 그렇다면 AI가 생성한 콘텐츠에 창작자의 개념을 적용할 수 있을까?

AI로 생성된 텍스트의 주요 단점 중 하나는 인간적인 느낌이 부족하다는 것이다. 인간 작가가 선사하는 감성 지능, 창의성 및 진정성이 없기 때문에 콘텐츠가 지루하거나 흥미롭지 않게 느껴질 수 있다. 이러한 제한은 인간의 인사이트가 대체할 수 없는, 창의적이거나 내러티브 중심의 콘텐츠와 특히 관련이 있다.

하지만 AI가 생성한 콘텐츠가 독창성, 창의성, 정서적 깊이가 부족할 수 있다고 해서 그 가치를 완전히 부정할 수는 없다. 중요한 것은 AI를 도구로 사용하는 인간의 창의적 개입과 의도다. LLM은 사실적이고 증거에 기반한 글쓰기보다는 인간이 쓴 것처럼 보이고 들리게 만드는 글을 생산하도록 설계되었다. 생성형 AI 모델은 종종 자신 있게 들릴 수 있지만, 그것이 반드시 정확한 정보라는 것을 의미하지는 않는다.

AI의 확률성도 주목할 만하다. AI는 같은 주제에 대해 늘 같은 결과물을 내놓지 않는다. 인간의 주관과 선택에 따라 나아가는 방향이 달라진다는 의미다. 즉 단계별로 글, 그림, 음성 등을 선택해 최종 결과물에 도달하는 과정 자체도 창작적 성격을 가질 수 있다는 관점이 있다.

딥페이크와 허위 정보 문제

딥페이크 기술은 AI 영화 제작에서 가장 민감한 윤리적 쟁점 중 하나다. 딥페이크는 딥 러닝과 거짓의 합성어로, AI를 통해 특정인의 사진이나 동영상, 음성을 콘텐츠에 합성하는 기술을 말한다. 이 기술은 매우 정교해, 일반인이 보기에는 진짜 영상과 구분하기 어려울 정도다.

딥페이크 기술은 영화 제작에서 긍정적으로 활용될 수 있다. 배우의 얼굴을 합성해 실제 배우를 섭외하는 비용을 절감할 수 있고, 역사적 인물을 재현해 더욱 몰입감 있는 콘텐츠를 제작할 수 있다. 영화 분야에서의 딥페이크 활용은 영화 자체가 허구이기 때문에 허구의 이야기에 비용 절감과 특정한 시각 효과를 위해 쓰이는 것은 큰 문제가 없다는 관점이 있다.

하지만 성 착취물이나 학교 폭력 같은 범죄적 악용 맥락에서는 상황이 달라진다. 이 경우는 실제로 피해자의 인격권을 모독하고, 명예를 훼손하고, 사회적 평판을 떨어뜨릴 목적으로 악의적으로 활용된 것이기 때문이다. 해당 맥락에서는 거짓이 거짓이라는 사실이 매우 중요해진다.

최근 딥페이크를 활용한 디지털 성범죄가 심각한 사회 문제로 대두되고 있다. 여성 얼굴에 음란물을 합성한 딥페이크 영상물 파문이 확산하고 있지만, AI 기술을 범죄에 악용한 생성물을 식별하고 걸러낼 수 있는 제도적 장치가 부족해 심각한 사회 문제와 인권 유린을 방치한다는 비판이 제기되고 있다.

딥페이크 논의의 핵심은 기술 자체보다 기술이 어떤 맥락에서, 어떤 의도를 가지고 사용되는지에 달려 있다. 1인 영화 제작자들은 이러한 기술을 사용할 때 반드시 윤리적 고려 사항을 염두에 두어야 한다.

창작자 권리 보호와 공정 사용

AI를 활용한 창작에서는 기술적 편의성에만 의존하지 말고, 창작자로서의 윤리적 책임을 고려해야 한다. 특히 다른 창작자의 작품을 무단으로 학습한 AI 모델을 사용할 때는 원작자에 대한 존중과 배려가 필요하다.

AI가 학습 과정에서 방대한 양의 기존 저작물을 활용

하므로, AI가 만든 결과물이 원작과 매우 유사하거나 이를 모방하는 경우 저작권 침해 소지가 발생할 수 있다. AI가 특정 화가의 스타일을 모방하거나 유명한 음악의 멜로디를 사용하는 경우 저작권 침해가 될 수 있다.

창작자 권리 보호를 위한 몇 가지 방안이 제시되고 있다. 자동으로 콘텐츠 자격 증명을 첨부해 생성형 AI로 만든 콘텐츠임을 표시하도록 하는 것이다. 사용자가 콘텐츠의 진위를 파악할 수 있도록 하는 것이다. 역으로 창작자가 자기 작품이 AI의 학습 데이터로 쓰이는 걸 원치 않을 경우 작품에 학습 금지 자격 증명을 붙일 수도 있다.

공공 도메인 자료 활용은 저작권이 만료된 자료를 사용하는 것이 가장 안전한 방법이다. 공공 도메인 자료는 저작권이 소멸된 콘텐츠이므로 자유롭게 사용할 수 있으며, 저작권 침해의 위험이 없다. AI 도구의 라이선스 확인도 중요하다. 사용하려는 AI 도구의 라이선스 규정을 철저히 확인해야 한다. 일부 도구는 비상업적 용도로만 사용을 허락하거나 특정한 조건에서만 사용할 수 있도록 제한되어 있으므로, 이를 명확히 이해하고 사용해야 한다.

개인정보 보호와 프라이버시 문제

AI 영화 제작 과정에서 개인정보 보호와 프라이버시 문제도 중요한 고려 사항이다. AI 모델이 개인정보가 섞인 데이터를 수집할 때 목적과 기간 등에 따라 동의를 받는 등의 제한이 있으며, 이를 법적으로 개선하려는 움직임이 있다. 기술적으로 개인정보 침해를 막기 위해서 실시간 비식별 처리를 하거나, 정보로 당사자를 추론하는 것을 방지하는 모델인 차분 프라이버시 등 정보 보호 연구 · 개발에 관심이 높아지고 있다.

개인정보보호위원회는 정당한 이익에 의해 공개된 개인정보를 AI 학습 · 서비스 개발에 활용할 수 있다는 점을 명시했다. 단, 이러한 정당한 이익 조항에 적용되기 위해서는 목적의 정당성, 공개된 개인정보 수집 · 이용의 필요성, 구체적 이익 형량 확보 등의 조건을 만족시켜야 한다.

또한 개인정보를 처리하기 위해 고려할 수 있는 기술적 · 관리적 안전성 확보 조치와 정보 주체 권리 보장 방안을 구체화했다. 기업은 동 기준에 제시된 모든 안전 조치를 취해야 하는 것은 아니며 기업 특성에 맞는 안전 조치의 최적 조합을 스스로 선택할 수 있도록 했다.

투명성과 책임성 확보 방안

AI 영화 제작에서 투명성과 책임성 확보는 윤리적 사용의 핵심이다. AI를 활용해 제작된 영화나 영상에 대해서는 이를 명확히 표기하는 것이 윤리적으로나 법적으로나 중요하다. 관객들이 AI 생성 콘텐츠임을 알고 감상할 수 있도록 하는 투명성이 필요하다.

편향과 차별 문제도 고려해야 한다. AI 모델은 학습 데이터에 포함된 편향을 반영해 차별적이거나 불쾌감을 주는 콘텐츠를 생성할 수 있다. 공정성과 포용성을 유지하려면 AI 모델과 아웃풋을 정기적으로 검토하고 AI 사용 지침을 수립하는 것이 필요하다.

생성형 AI 관련 주요 원칙들이 제시되고 있다. 첫째, AI 시스템은 소비자의 개인정보 보호 및 데이터 권리를 우선시하고 보호해야 하며, 사용자에게 개인 데이터가 어떻게 사용되고 보호되는지 명확히 제공해야 한다. 둘째, 공정성과 투명성을 확보해야 한다. 셋째, 설명 가능성을 높여야 한다. 넷째, 견고성과 신뢰성을 보장해야 한다. 다섯째, 인간의 감독과 통제하에 운영되어야 한다.

실천적 윤리 가이드라인과 대응 방안

1인 영화 제작자들이 실제로 따를 수 있는 윤리 가이드라인을 수립하는 것이 중요하다. 국내에선 빅테크사, 금융사, 게임사, AI 관련 스타트업 등을 중심으로 AI 윤리 체계를 수립하고 있다. 초거대 AI를 만드는 카카오는 2018년 업계 최초로 AI 알고리즘 윤리 헌장을 발표했다. 차별을 막고 데이터를 윤리에 맞게 활용하며, 알고리즘의 훼손을 막는 것이 골자다.

상업적 콘텐츠 제작 시 주의 사항도 있다. 첫째, 사용하려는 AI 도구의 라이선스 규정을 철저히 확인해야 한다. 일부 AI 도구는 상업적 사용을 제한하거나, 상업적 목적으로 사용하기 위해 별도의 라이선스를 요구할 수 있다. 이런 조건을 무시할 경우 법적 문제가 발생할 수 있다.

둘째, AI가 생성한 콘텐츠가 기존 저작물을 모방하거나 침해하지 않도록 주의해야 한다. AI는 기존 데이터를 학습하기 때문에, 생성된 콘텐츠가 원작과 유사하거나 이를 모방하는 경우 저작권 침해로 간주될 수 있다. 따라서 AI로 생성한 콘텐츠를 사용할 때는 저작권 침해 가능성을 사전에 철저히 검토하고, 필요한 경우 법적 자문을 받는 것이 중요하다.

법적 자문도 필요하다. 상업적 목적으로 AI 콘텐츠를 사용할 계획이라면 법적 자문을 통해 저작권 침해 가능성을 미리 확인하는 것이 좋다. 집단 소송, 규제 기관의 처벌, 알고리즘 왜곡, 모델 강제 파괴 등이 유발될 수 있다.

윤리적으로, 새로운 목적으로 데이터를 사용하려는 의도에 대해 이해관계자와 직접 상담하는 것을 고려해야 한다. 권한을 행사하고 시정을 모색하기 위한 의미 있는 메커니즘을 제공하는 것은 올바른 데이터 윤리 관행과 책임 있는 AI의 핵심이다.

AI 윤리 문제로는 편향성, 인격권 침해, 사생활 침해, 신뢰성과 투명성 상실, 책임 문제, 검증되지 않은 정보제공, 거짓 정보 등이 있다. AI 기술의 안전성과 신뢰성을 높이기 위해 정부와 기업은 AI 윤리 원칙 또는 법·제도 제정을 위한 연구 등으로 대응 방안을 모색하고 있다.

결론적으로, 1인 영화 제작자들은 AI 기술의 혁신적 가능성을 활용하면서도 윤리적 책임을 다해야 한다. 기술과 인간의 창의성이 조화롭게 결합될 때 진정한 가치를 창출할 수 있으며, 이를 위해서는 지속적인 윤리 의식과 법적 준수가 필요하다. AI는 도구일 뿐이며, 그 도구를 사용하는 인간의 윤리적 판단과 책임감이 무엇보다 중요하다.

10
미래를 위한 전망과 준비

1인 영화 제작자들은 급변하는 환경에 어떻게 대응해야 할까? 세계 AI 시장은 2024년 2334억 달러에서 2032년 1조7716억 달러로 연평균 29.2% 성장할 전망이다. 이러한 폭발적 성장 속에서 영화 제작 분야도 근본적인 변화를 맞고 있다. 오픈AI의 소라, 구글의 플로, 런웨이의 젠-3 등 혁신적인 AI 도구들이 등장하며 창작의 민주화를 이끌고 있다. 기술의 발전만큼이나 윤리적 책임과 창작자의 준비가 중요하다. 미래는 기술과 인간의 창의성이 조화롭게 결합될 때 가장 아름다운 영화를 만들어 낼 것이다.

종교와 AI?

AI 영화 제작 기술의 혁신적 발전

현재 AI 영화 제작 기술은 전례 없는 속도로 발전하고 있다. 오픈AI의 소라(Sora)는 TTV(Text-to-Video) 모델의 게임 체인저로 등장했다. 기존의 AI 영상 생성 도구들이 몇 초 길이의 저화질 클립을 생성했다면, 현재는 1분 이상의 고화질 영상 제작이 가능해졌다. 복잡한 장면, 다수의 캐릭터, 동적인 카메라 앵글, 사실적인 얼굴 감정 및 움직임 등의 연출도 가능하다.

런웨이(Runway)의 젠-3(Gen-3)는 AI 영상 제작 기술의 혁명적 진보를 보여 주고 있다. 10초 길이 영상 생성이 90초 만에 가능하며, 복잡한 장면 구성이 가능하다. 시드 번호를 통한 연속성 유지로 일관된 캐릭터나 배경을 유지하면서 더 긴 내러티브를 구성할 수 있게 되었다. 다양한 카메라 앵글과 움직임, 인물 표현과 카메라 앵글 효과가 정교해져 더욱 역동적인 영상 제작이 가능하다.

구글이 창작자들과 함께 만든 AI 기반 영화 제작 툴 플로(Flow)는 창작자들에 의해, 창작자들을 위해 설계된 영화 제작 툴이다. 구글의 최첨단 모델인 비오(Veo), 이마젠(Imagen), 제미나이(Gemini)에 최적화된 유일한 플랫폼으로, 스토리텔러들이 아이디어를 자유롭게 탐색하고 영화 같은 클립과 장면을 제작할 수 있도록 돕는다.

향후 몇 년 내에는 더욱 혁신적인 발전이 예상된다. 실시간 AI 편집 기능이 강화되어 영상 촬영과 동시에 AI가 편집을 수행하는 기술이 발전할 것이다. 더 정교한 영상 생성 기술로 텍스트 기반 영상 제작의 품질이 향상되고, AI와 AR/VR 기술의 융합으로 AI가 실시간으로 AR/VR 콘텐츠 제작을 지원하게 될 것이다.

영화 산업 생태계의 근본적 변화

AI 기술의 발전은 영화 산업의 전통적인 구조를 근본적으로 바꾸고 있다. 창작의 민주화가 가속화되면서 누구나 쉽게 고퀄리티 영상을 만들 수 있게 되었다. 창작의 문턱이 낮아져서 다양한 사람들이 콘텐츠를 만들고 공유할 수 있게 되면서, 콘텐츠의 다양성이 크게 증가하고 있다.

국내에서도 이러한 변화가 현실화되고 있다. 생성 AI로 영화를 제작해 대형 멀티플렉스에서 개봉하는 국내 첫 사례들이 등장했다. 웨인힐스 브라이언트 AI가 생성 AI 기반 SF 영화 제작에 나섰고, CJ ENM은 영화 〈M호텔〉을 극장에 상영했다. 이러한 변화는 AI 영화의 상업적 가능성을 보여 주는 중요한 사례다.

전문가의 역할도 변화하고 있다. 전문가들은 더 이상

기본적인 영상 제작이 아닌, 고도화된 기술과 창의력을 요구하는 작업에 집중하게 될 것이다. AI 프롬프트 엔지니어, AI 영화감독, AI 후반 작업 전문가, AI 윤리 컨설턴트 등 새로운 직업군이 등장하고 있으며, 기존의 영화 제작 전문가들도 AI 도구를 활용한 새로운 작업 방식에 적응해야 한다.

배급과 상영 방식도 혁신되고 있다. AI를 활용해 빠르고 저렴하게 영화를 제작할 수 있게 되면서, 스트리밍 플랫폼과 극장 상영 사이의 경계가 모호해지고 있다. 맞춤형 콘텐츠 제작이 가능해지면서 개인별 맞춤 상영이나 실시간 콘텐츠 생성 서비스도 등장할 수 있을 것이다.

새로운 기술 트렌드와 AI 에이전트의 등장

2025년에 주목해야 할 가장 중요한 트렌드 중 하나는 AI 에이전트의 등장이다. AI 에이전트는 전 세계 산업에서 개념에서 실행으로 전환하면서 반드시 주목해야 할 트렌드로 떠오르고 있다. 이러한 시스템은 더 이상 단순한 자동화에 그치지 않고 복잡한 다단계 작업을 자율적으로 처리할 수 있다.

영화 제작 분야에서 AI 에이전트는 시나리오 작성부터 편집까지의 전 과정을 자동화할 수 있는 수준으로 발전할 것으로 예상된다. 이는 1인 제작자가 창의적 아이디어와 감독 역할에만 집중하고, 기술적 구현은 AI 에이전트에 맡길 수 있게 됨을 의미한다.

초개인화도 차세대 차별화 요소로 부상하고 있다. 리테일, 의료, 금융 등의 업계에서는 고객 참여를 강화하고 충성도를 구축하기 위해 초개인화를 도입하고 있다. 이러한 트렌드는 영화 제작에도 영향을 미칠 것이다. 미래의 1인 영화 제작자들은 AI를 활용해 개별 시청자의 취향과 선호도에 맞춘 맞춤형 영화를 제작할 수 있게 될 것이다.

윤리적 고려 사항과 저작권 문제

AI 영화 제작의 발전과 함께 윤리적 고려 사항과 저작권 문제가 중요한 이슈로 부상하고 있다. 국내에서는 생성 인공지능으로 전면 제작한 영화가 처음으로 저작권 인정을 받아 '편집 저작물'로 등록되는 사례가 나타났다. 나라지식정보의 산하 영화제작사 나라AI필름이 제작한 영화 〈AI 수로부인〉이 한국저작권위원회로부터 최종 '편집 저작물' 등록을 인정받았다.

현재 AI 생성물에 대한 저작권은 제한적으로만 인정되고 있다. AI가 제작한 이미지, 영상 등에 대해서는 저작권을 인정받지 못하고, 그러한 요소들을 인간이 선택하고 배열한 창의적 과정에 대해서만 편집 저작물로 인정받는 상황이다. 한국저작권위원회의 가이드라인에 따르면 저작권법상 '저작물'은 '인간의 사상 또는 감정을 표현한 창작물'을 의미하므로, 인간이 아닌 AI가 만들어 낸 산출물에 대해서는 저작권을 인정하지 않는다.

AI를 활용한 창작에서는 기술적 편의성에만 의존하지 말고, 창작자로서의 윤리적 책임을 지켜야 한다. 특히 다른 창작자의 작품을 무단으로 학습한 AI 모델을 사용할 때는 원작자에 대한 존중과 배려를 고려해야 한다. AI가 학습 과정에서 방대한 양의 기존 저작물을 활용하므로, AI가 만든 결과물이 원작과 매우 유사하거나 이를 모방하는 경우 저작권 침해 소지가 발생할 수 있다.

이호은

청운대학교 방송영화영상학과 정교수로 재직 중이다. 한국외국어대학교에서 커뮤니케이션학 박사학위를 취득했다. 한국정치커뮤니케이션학회장을 지냈고 한국방송학회 영상연구회장으로 활동했다. KBS 시청자위원, 중앙선거관리위원회 자문위원을 역임했다. 전 방송 프로듀서로서 다수의 다큐멘터리와 드라마를 연출했다. 저서로 《스트리밍 시대의 비디오 저널리스트》(2015), 《커뮤니케이션으로 정치하라》(2014), 《영상과 상호미디어성》(2013), 《영상 이론과 실제》(2012), 《다큐멘터리 또 하나의 영화》(2009), 《영상학서설》(2008)이 있다. "한류 영상 콘텐츠의 한국어 수용에 관한 연구"(2024), "대통령후보 TV토론회의 수용태도 연구"(2022), "인기드라마에 내재된 공통구조와 그 양상"(2011), "다큐멘터리의 드라마 구조 수용에 관한 연구"(2006), "박근혜 대표 피습 이후 이미지 변화 연구"(2006), "분할영상광고의 특성 및 수용태도 연구"(2005), "노무현 대통령의 재신임 수용태도에 관한 연구"(2004) 등 100편 이상의 논문을 KCI, SCI, SSCI, SCOPUS 등 등재학술지에 게재했다.

이형주

현재 CJ ENM AI 제작PD로 재직중이다. 서경대학교 영화영상학과를 졸업해 다양한 영화와 콘텐츠를 제작했다. 유튜브 GV스튜디오를 운영하며 방송콘텐츠진흥재단 1인방송대상

기획상 등 다양한 수상을 했으며, 2024년 AI영화 〈찬란한 하루〉를 제작해 부산국제인공지능영화제에서 예술혁신상 수상, 튀르키예국제AI영화제, 대전국제단편영화제에 선정되었다.